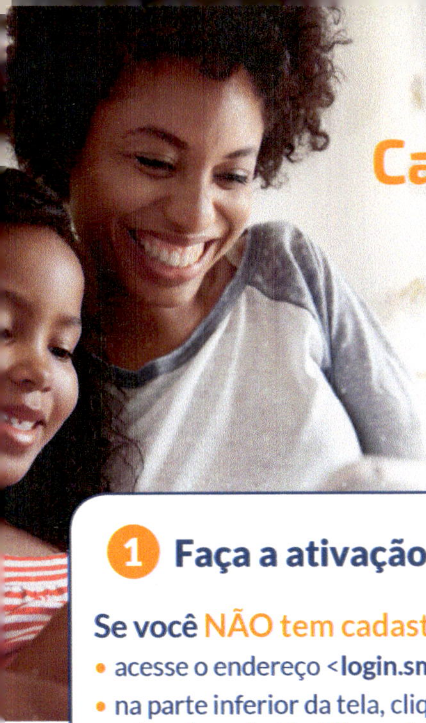

Caro aluno, seja bem-vindo à sua plataforma do conhecimento!

A partir de agora, está à sua disposição uma plataforma que reúne, em um só lugar, recursos educacionais digitais que complementam os livros impressos e foram desenvolvidos especialmente para auxiliar você em seus estudos. Veja como é fácil e rápido acessar os recursos deste projeto.

1 Faça a ativação dos códigos dos seus livros.

Se você NÃO tem cadastro na plataforma:
- acesse o endereço <login.smaprendizagem.com>;
- na parte inferior da tela, clique em "Registre-se" e depois no botão "Alunos";
- escolha o país;
- preencha o formulário com os dados do tutor, do aluno e de acesso.

O seu tutor receberá um *e-mail* para validação da conta. Atenção: sem essa validação, não é possível acessar a plataforma.

Se você JÁ tem cadastro na plataforma:
- em seu computador, acesse a plataforma pelo endereço <login.smaprendizagem.com>;
- em seguida, você visualizará os livros que já estão ativados em seu perfil. Clique no botão "Códigos ou licenças", insira o código abaixo e clique no botão "Validar".

Este é o seu código de ativação! → **D1MGZ-BX3BR-AGUWP**

2 Acesse os recursos

usando um computador.

No seu navegador de internet, digite o endereço <login.smaprendizagem.com> e acesse sua conta. Você visualizará todos os livros que tem cadastrados. Para escolher um livro, basta clicar na sua capa.

usando um dispositivo móvel.

Instale o aplicativo **SM Aprendizagem**, que está disponível gratuitamente na loja de aplicativos do dispositivo. Utilize o mesmo *login* e a mesma senha que você cadastrou na plataforma.

Importante! Não se esqueça de sempre cadastrar seus livros da SM em seu perfil. Assim, você garante a visualização dos seus conteúdos, seja no computador, seja no dispositivo móvel. Em caso de dúvida, entre em contato com nosso canal de atendimento pelo **telefone 0800 72 54876** ou pelo *e-mail* atendimento@grupo-sm.com.

BRA205201_2330

APRENDER JUNTOS

1º ANO

HISTÓRIA

ENSINO FUNDAMENTAL

MÔNICA LUNGOV
RAQUEL DOS SANTOS FUNARI

Organizadora: SM Educação
Obra coletiva concebida, desenvolvida e produzida por SM Educação.

São Paulo, 2ª edição, 2021

Aprender Juntos História 1
© SM Educação
Todos os direitos reservados

Direção editorial	Cláudia Carvalho Neves
Gerência editorial	Lia Monguilhott Bezerra
Gerência de *design* e produção	André Monteiro
Edição executiva	Valéria Vaz
	Edição: Isis Ridão Teixeira, Mírian Cristina de Moura Garrido, Rodrigo Souza
	Suporte editorial: Fernanda de Araújo Fortunato
Coordenação de preparação e revisão	Cláudia Rodrigues do Espírito Santo
	Preparação: Rosinei Aparecida Rodrigues Araujo, Ivana Costa, Vera Lúcia Rocha
	Revisão: Ana Paula Migiyama, Fátima Valentina Cezare Pasculli, Maíra Cammarano
	Apoio de equipe: Beatriz Nascimento
Coordenação de *design*	Gilciane Munhoz
	Design: Thatiana Kalaes, Lissa Sakajiri
Coordenação de arte	Andressa Fiorio
	Edição de arte: Alexandre Pereira
	Assistência de arte: Mauro Moreira
	Assistência de produção: Leslie Morais
Coordenação de iconografia	Josiane Laurentino
	Pesquisa iconográfica: Beatriz Micsik, Enio Lopes
	Tratamento de imagem: Marcelo Casaro
Capa	APIS Design
	Ilustração da capa: Henrique Mantovani Petrus
Projeto gráfico	APIS Design
Editoração eletrônica	Estúdio Anexo
Pre-impressão	Américo Jesus
Fabricação	Alexander Maeda
Impressão	BMF Gráfica e Editora

Em respeito ao meio ambiente, as folhas deste livro foram produzidas com fibras obtidas de árvores de florestas plantadas, com origem certificada.

Dados Internacionais de Catalogação na Publicação (CIP)
(Câmara Brasileira do Livro, SP, Brasil)

Lungov, Mônica
  Aprender juntos história, 1º ano : ensino fundamental / Mônica Lungov, Raquel dos Santos Funari ; organizadora SM Educação ; obra coletiva concebida, desenvolvida e produzida por SM Educação. — 2. ed. — São Paulo : Edições SM, 2021. — (Aprender juntos)

  ISBN 978-65-5744-264-7 (aluno)
  ISBN 978-65-5744-294-4 (professor)

  1. História (Ensino fundamental) I. Funari, Raquel dos Santos. II. Título. III. Série.

21-67646   CDD-372.89

Índices para catálogo sistemático:

1. História : Ensino Fundamental 372.89

Cibele Maria Dias — Bibliotecária — CRB-8/9427

2ª edição, 2021
2ª impressão agosto, 2022

SM Educação
Rua Cenno Sbrighi, 25 - Edifício West Tower, n. 45 - 1º andar
Água Branca 05036-010 São Paulo SP Brasil
Tel. 11 2111-7400
atendimento@grupo-sm.com
www.grupo-sm.com/br

APRESENTAÇÃO

QUERIDO ESTUDANTE, QUERIDA ESTUDANTE,

ESTE LIVRO FOI CUIDADOSAMENTE PENSADO PARA AJUDAR VOCÊ A CONSTRUIR UMA APRENDIZAGEM CHEIA DE SIGNIFICADOS, QUE LHE SEJA ÚTIL NÃO SOMENTE HOJE, MAS TAMBÉM NO FUTURO. NELE, VOCÊ VAI ENCONTRAR INCENTIVO PARA CRIAR, EXPRESSAR IDEIAS E PENSAMENTOS, REFLETIR SOBRE O QUE APRENDE E TROCAR EXPERIÊNCIAS E CONHECIMENTOS.

OS TEMAS, OS TEXTOS, AS IMAGENS E AS ATIVIDADES PROPOSTOS POSSIBILITAM O DESENVOLVIMENTO DE COMPETÊNCIAS E DE HABILIDADES FUNDAMENTAIS PARA VIVER EM SOCIEDADE. TAMBÉM AJUDAM VOCÊ A LIDAR COM SUAS EMOÇÕES, DEMONSTRAR EMPATIA, ALCANÇAR OBJETIVOS, MANTER RELAÇÕES SOCIAIS POSITIVAS E TOMAR DECISÕES DE MANEIRA RESPONSÁVEL. AQUI, VOCÊ VAI ENCONTRAR OPORTUNIDADES VALIOSAS PARA QUE SE DESENVOLVA COMO CIDADÃO OU CIDADÃ.

ACREDITAMOS QUE É POR MEIO DE ATITUDES POSITIVAS E CONSTRUTIVAS QUE SE CONQUISTAM AUTONOMIA E CAPACIDADE PARA TOMAR DECISÕES ACERTADAS, RESOLVER PROBLEMAS E SUPERAR CONFLITOS.

ESPERAMOS QUE ESTE MATERIAL CONTRIBUA PARA SEU DESENVOLVIMENTO E PARA SUA FORMAÇÃO.

BONS ESTUDOS!

EQUIPE EDITORIAL

CONHEÇA SEU LIVRO

CONHECER SEU LIVRO DIDÁTICO VAI AJUDAR VOCÊ A APROVEITAR MELHOR AS OPORTUNIDADES DE APRENDIZAGEM QUE ELE OFERECE.

ESTE VOLUME CONTÉM OITO CAPÍTULOS.

VEJA COMO SEU LIVRO ESTÁ ORGANIZADO.

ABERTURA DO LIVRO

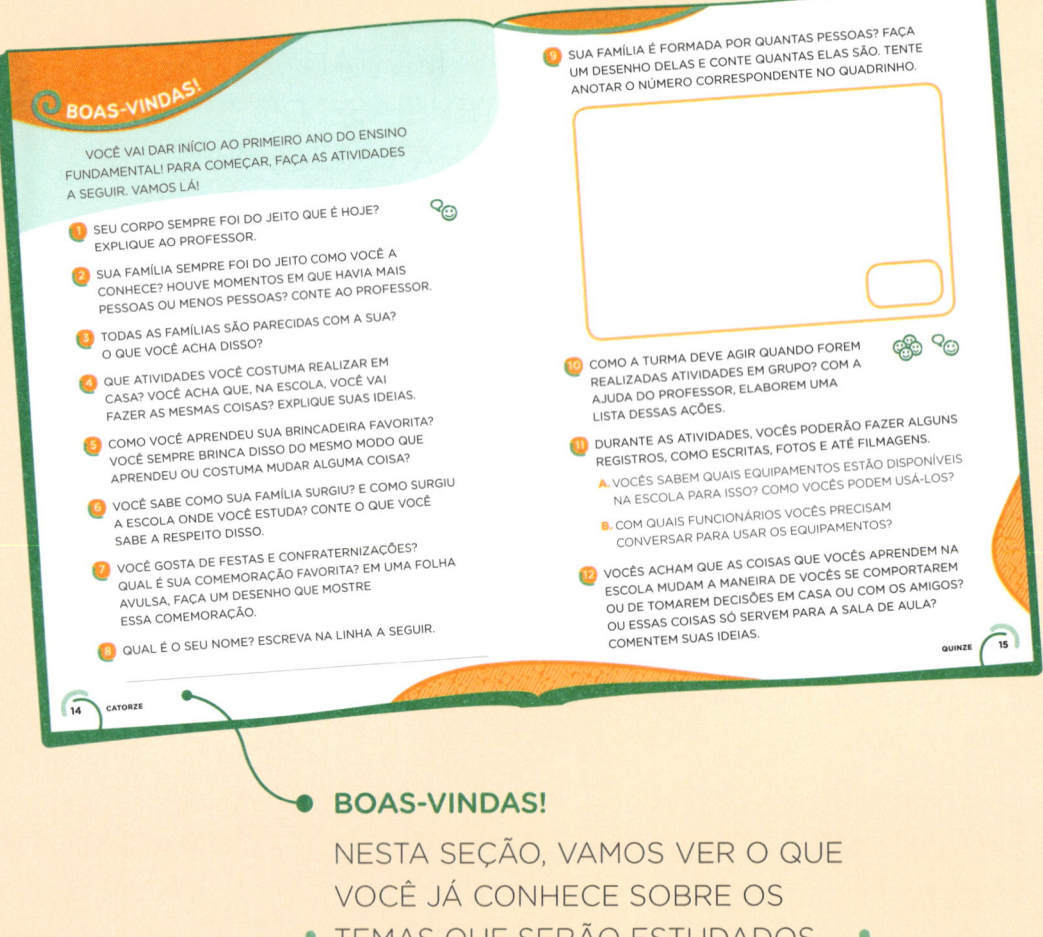

BOAS-VINDAS!

NESTA SEÇÃO, VAMOS VER O QUE VOCÊ JÁ CONHECE SOBRE OS TEMAS QUE SERÃO ESTUDADOS.

ABERTURA DE CAPÍTULO

UMA DUPLA DE PÁGINAS MARCA O INÍCIO DE CADA CAPÍTULO. NELA, IMAGENS VARIADAS VÃO FAZER VOCÊ E A TURMA PENSAR E CONVERSAR SOBRE OS TEMAS QUE SERÃO DESENVOLVIDOS AO LONGO DO CAPÍTULO.

DESENVOLVIMENTO DO ASSUNTO

OS TEXTOS, AS IMAGENS E AS ATIVIDADES DESTAS PÁGINAS VÃO PERMITIR QUE VOCÊ COMPREENDA O CONTEÚDO QUE ESTÁ SENDO APRESENTADO.

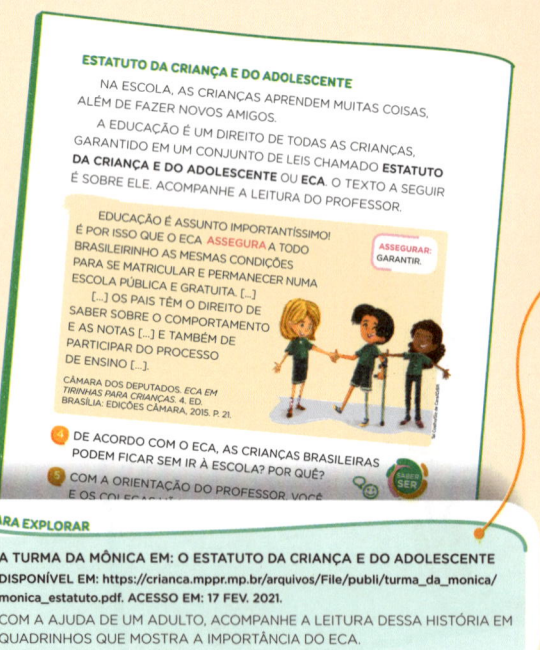

PARA EXPLORAR

AQUI, HÁ SUGESTÕES DE *SITES*, FILMES, LIVROS E OUTRAS DICAS QUE AMPLIAM E APROFUNDAM OS CONTEÚDOS ESTUDADOS.

REGISTROS

NESTA SEÇÃO, VOCÊ VAI IDENTIFICAR E ANALISAR DIFERENTES TIPOS DE REGISTROS HISTÓRICOS E REFLETIR SOBRE ELES.

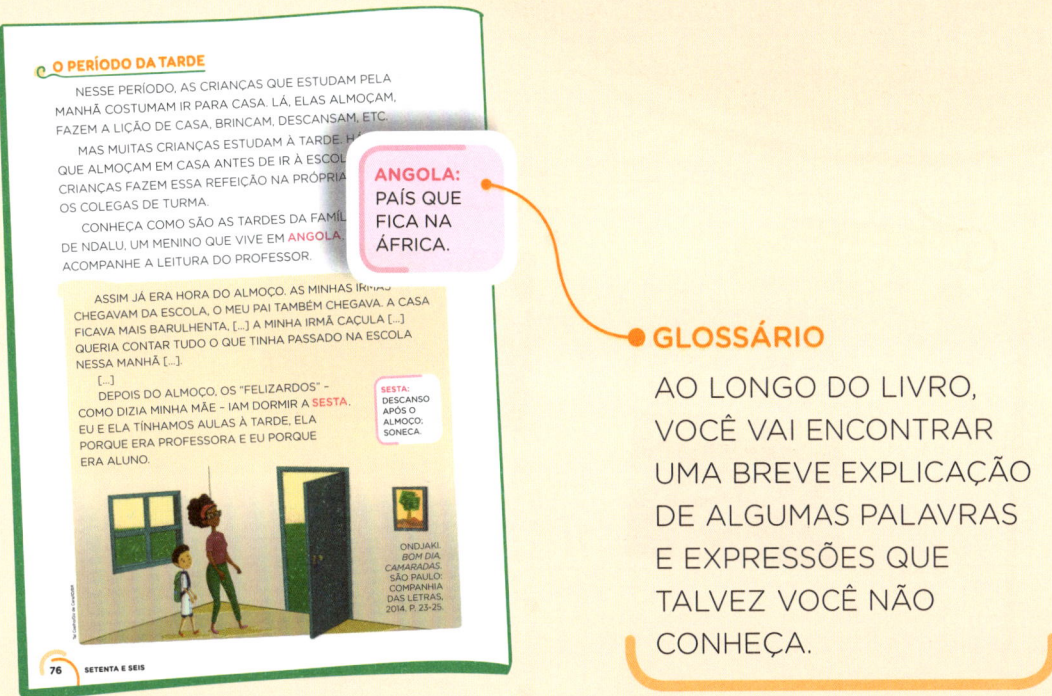

GLOSSÁRIO

AO LONGO DO LIVRO, VOCÊ VAI ENCONTRAR UMA BREVE EXPLICAÇÃO DE ALGUMAS PALAVRAS E EXPRESSÕES QUE TALVEZ VOCÊ NÃO CONHEÇA.

FINALIZANDO O CAPÍTULO

NO FINAL DE CADA CAPÍTULO, HÁ SEÇÕES QUE AMPLIAM SEUS CONHECIMENTOS SOBRE A LEITURA DE IMAGENS E A DIVERSIDADE CULTURAL, ALÉM DE VERIFICAR OS CONTEÚDOS ESTUDADOS.

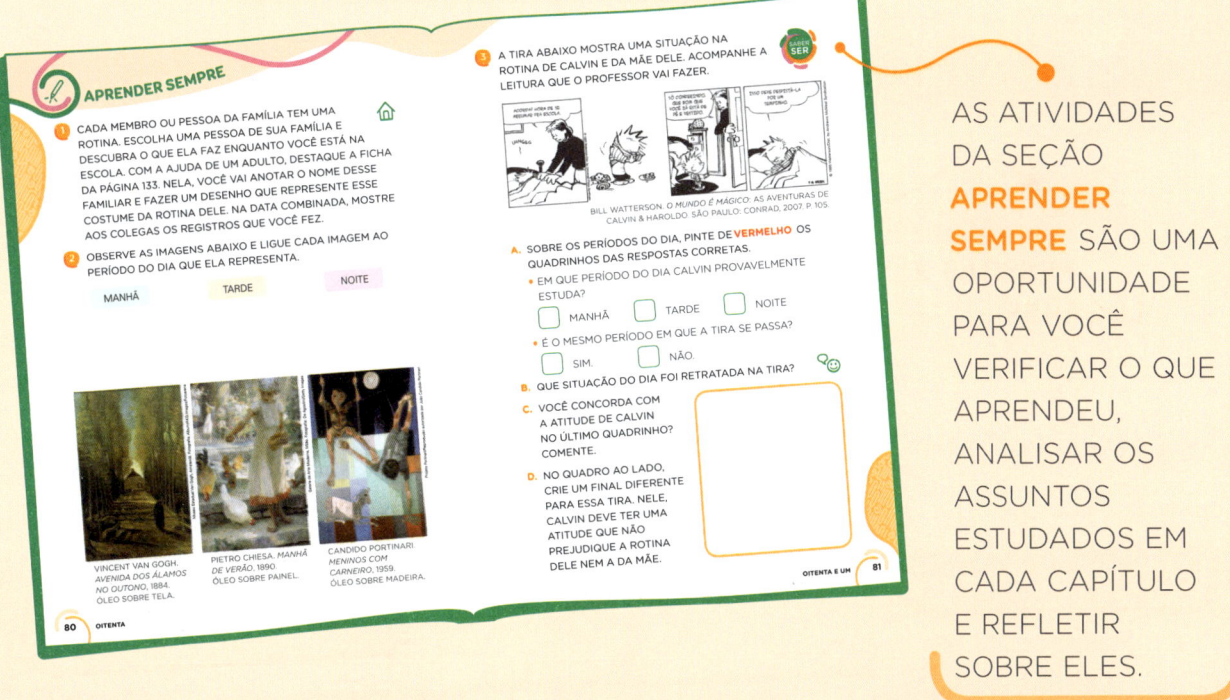

AS ATIVIDADES DA SEÇÃO **APRENDER SEMPRE** SÃO UMA OPORTUNIDADE PARA VOCÊ VERIFICAR O QUE APRENDEU, ANALISAR OS ASSUNTOS ESTUDADOS EM CADA CAPÍTULO E REFLETIR SOBRE ELES.

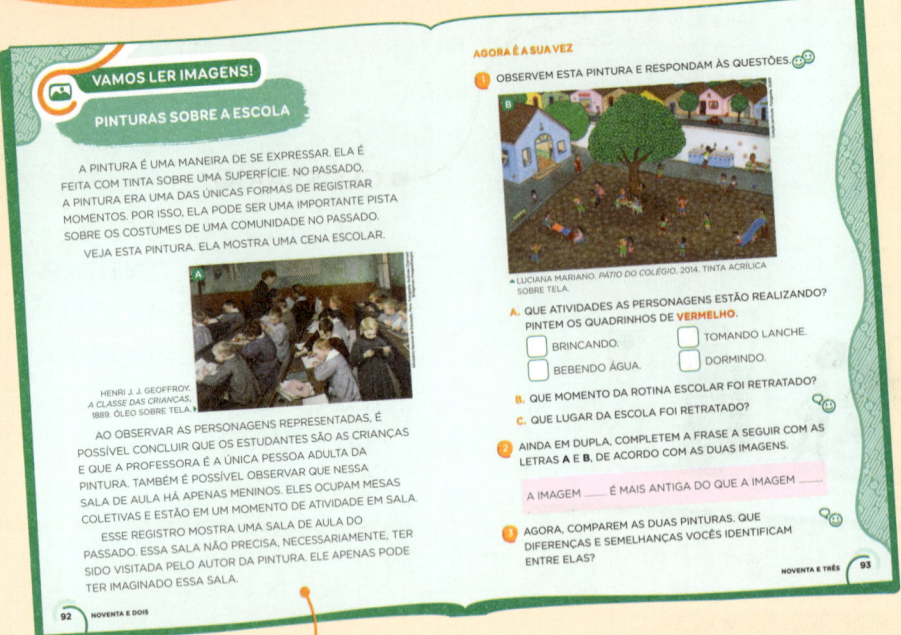

A seção **VAMOS LER IMAGENS!** propõe a análise de uma ou mais imagens e é acompanhada de atividades que vão ajudar você a compreender diferentes tipos de imagem.

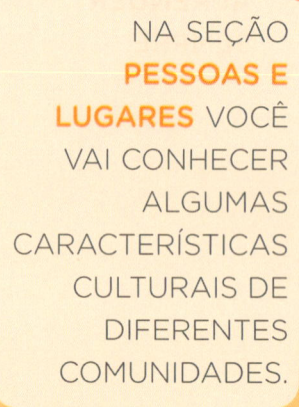

Na seção **PESSOAS E LUGARES** você vai conhecer algumas características culturais de diferentes comunidades.

FINALIZANDO O LIVRO

ATÉ BREVE!
AQUI, VAMOS VERIFICAR SUA APRENDIZAGEM DOS PRINCIPAIS CONTEÚDOS DESENVOLVIDOS DURANTE O ANO.

HÁ TAMBÉM OS **ENCARTES**. ELES SÃO MATERIAIS COMPLEMENTARES QUE VOCÊ VAI USAR EM ALGUMAS ATIVIDADES.

ÍCONES USADOS NOS LIVROS

 **SABER SER**
SINALIZA MOMENTOS PROPÍCIOS PARA O DESENVOLVIMENTO DAS COMPETÊNCIAS SOCIOEMOCIONAIS.

REPRESENTAÇÃO SEM PROPORÇÃO DE TAMANHO E/OU DISTÂNCIA ENTRE OS ELEMENTOS.

PROPORÇÕES
TRAZ INFORMAÇÕES SOBRE AS PROPORÇÕES DE FOTOS, ILUSTRAÇÕES E OUTROS ELEMENTOS DA PÁGINA.

 ATIVIDADE EM DUPLA

 ATIVIDADE EM GRUPO

 ATIVIDADE ORAL

 ATIVIDADE PARA CASA

NOVE 9

SUMÁRIO

BOAS-VINDAS! • 14

CAPÍTULO 1 — O INÍCIO DA SUA HISTÓRIA • 16

A VIDA DE BEBÊ • 18
  A VIDA ANTES DE AGORA • 20
FASES DA VIDA • 22
REGISTROS
  ROUPAS ANTIGAS • 25
BRINQUEDOS E BRINCADEIRAS • 26
APRENDER SEMPRE • 28

CAPÍTULO 2 — VOCÊ TEM NOME • 30

TUDO TEM NOME • 32
  NOMES AO REDOR • 33
O NOME TAMBÉM TEM HISTÓRIA • 34
  A HISTÓRIA DO SEU NOME • 35
QUANTOS NOMES UM NOME TEM? • 36
  OS APELIDOS • 37
VAMOS LER IMAGENS!
  DETALHES DOS CRACHÁS • 38
APRENDER SEMPRE • 40

CAPÍTULO 3 — RECONHECENDO A FAMÍLIA 42

MAS O QUE É FAMÍLIA? • 44
ALGUNS SIGNIFICADOS • 45
QUEM FAZ PARTE DA FAMÍLIA? • 46

REGISTROS
DOCUMENTOS PESSOAIS • 48

COMPARANDO AS FAMÍLIAS • 49

A IMPORTÂNCIA DAS PESSOAS MAIS VELHAS • 50
AS HISTÓRIAS DOS ADULTOS E IDOSOS • 52

APRENDER SEMPRE • 54

CAPÍTULO 4 — AS PESSOAS DA ESCOLA 56

A IMPORTÂNCIA DA ESCOLA • 58
ESTATUTO DA CRIANÇA E DO ADOLESCENTE • 59

RECONHECENDO OS COLEGAS • 60
AS AMIZADES • 61

PROFESSORES E FUNCIONÁRIOS • 62

PESSOAS E LUGARES
BARCOS-ESCOLAS NO AMAZONAS • 64

APRENDER SEMPRE • 66

ONZE 11

CAPÍTULO 5 — A ROTINA EM CASA 68

O QUE É ROTINA? • 70
  COSTUMES DO DIA A DIA • 71
MANHÃ, TARDE E NOITE • 72
REGISTROS
  A ALIMENTAÇÃO • 73
UMA ROTINA DO PASSADO • 74
  O PERÍODO DA MANHÃ • 75
O PERÍODO DA TARDE • 76
BOA NOITE! • 78
APRENDER SEMPRE • 80

CAPÍTULO 6 — A ROTINA NA ESCOLA 82

OS DIAS DE IR À ESCOLA • 84
  OS NOMES DOS DIAS • 85
ANTES DE SAIR DE CASA • 86
  A CAMINHO DA ESCOLA • 87
A HORA DA ENTRADA • 88
  O PRIMEIRO DIA DE AULA • 89
OS ESPAÇOS DA ESCOLA • 90
OUTROS MOMENTOS IMPORTANTES • 91
VAMOS LER IMAGENS!
  PINTURAS SOBRE A ESCOLA • 92
APRENDER SEMPRE • 94

Ilustrações: Carlitos Pinheiro/ID/BR

CAPÍTULO 7 — OS COSTUMES DA FAMÍLIA — 96

- ATIVIDADES COM A FAMÍLIA • 98
  - AS REUNIÕES • 99
- FESTAS E COMEMORAÇÕES • 100
  - DIFERENTES TIPOS DE FESTA • 101
- OUTRAS ATIVIDADES DE LAZER • 102
  - BRINQUEDOS E BRINCADEIRAS DE FAMÍLIA • 103
- REGISTROS
  - AS CANTIGAS • 104
- ALÉM DO LAZER... • 105
- PESSOAS E LUGARES
  - OS COSTUMES DAS FAMÍLIAS INUÍTES • 106
- APRENDER SEMPRE • 108

CAPÍTULO 8 — OS COSTUMES DA ESCOLA — 110

- JEITOS DE ESTUDAR • 112
  - DIFERENTES ESCOLAS, DIFERENTES COSTUMES • 113
- OUTROS TEMPOS, OUTROS COSTUMES • 114
- EVENTOS DA ESCOLA • 116
- JOGOS E ATIVIDADES • 118
- BRINCADEIRAS NA ESCOLA • 120
- REGISTROS
  - DOMINÓ • 121
- APRENDER SEMPRE • 122

- ATÉ BREVE! • 124
- SUGESTÕES DE LEITURA • 126
- BIBLIOGRAFIA COMENTADA • 128
- ENCARTES • 129

TREZE 13

BOAS-VINDAS!

VOCÊ VAI DAR INÍCIO AO PRIMEIRO ANO DO ENSINO FUNDAMENTAL! PARA COMEÇAR, FAÇA AS ATIVIDADES A SEGUIR. VAMOS LÁ!

1. SEU CORPO SEMPRE FOI DO JEITO QUE É HOJE? EXPLIQUE AO PROFESSOR.

2. SUA FAMÍLIA SEMPRE FOI DO JEITO COMO VOCÊ A CONHECE? HOUVE MOMENTOS EM QUE HAVIA MAIS PESSOAS OU MENOS PESSOAS? CONTE AO PROFESSOR.

3. TODAS AS FAMÍLIAS SÃO PARECIDAS COM A SUA? O QUE VOCÊ ACHA DISSO?

4. QUE ATIVIDADES VOCÊ COSTUMA REALIZAR EM CASA? VOCÊ ACHA QUE, NA ESCOLA, VOCÊ VAI FAZER AS MESMAS COISAS? EXPLIQUE SUAS IDEIAS.

5. COMO VOCÊ APRENDEU SUA BRINCADEIRA FAVORITA? VOCÊ SEMPRE BRINCA DISSO DO MESMO MODO QUE APRENDEU OU COSTUMA MUDAR ALGUMA COISA?

6. VOCÊ SABE COMO SUA FAMÍLIA SURGIU? E COMO SURGIU A ESCOLA ONDE VOCÊ ESTUDA? CONTE O QUE VOCÊ SABE A RESPEITO DISSO.

7. VOCÊ GOSTA DE FESTAS E CONFRATERNIZAÇÕES? QUAL É SUA COMEMORAÇÃO FAVORITA? EM UMA FOLHA AVULSA, FAÇA UM DESENHO QUE MOSTRE ESSA COMEMORAÇÃO.

8. QUAL É O SEU NOME? ESCREVA NA LINHA A SEGUIR.

9. SUA FAMÍLIA É FORMADA POR QUANTAS PESSOAS? FAÇA UM DESENHO DELAS E CONTE QUANTAS ELAS SÃO. TENTE ANOTAR O NÚMERO CORRESPONDENTE NO QUADRINHO.

10. COMO A TURMA DEVE AGIR QUANDO FOREM REALIZADAS ATIVIDADES EM GRUPO? COM A AJUDA DO PROFESSOR, ELABOREM UMA LISTA DESSAS AÇÕES.

11. DURANTE AS ATIVIDADES, VOCÊS PODERÃO FAZER ALGUNS REGISTROS, COMO ESCRITAS, FOTOS E ATÉ FILMAGENS.

   A. VOCÊS SABEM QUAIS EQUIPAMENTOS ESTÃO DISPONÍVEIS NA ESCOLA PARA ISSO? COMO VOCÊS PODEM USÁ-LOS?

   B. COM QUAIS FUNCIONÁRIOS VOCÊS PRECISAM CONVERSAR PARA USAR OS EQUIPAMENTOS?

12. VOCÊS ACHAM QUE AS COISAS QUE VOCÊS APRENDEM NA ESCOLA MUDAM A MANEIRA DE VOCÊS SE COMPORTAREM OU DE TOMAREM DECISÕES EM CASA OU COM OS AMIGOS? OU ESSAS COISAS SÓ SERVEM PARA A SALA DE AULA? COMENTEM SUAS IDEIAS.

CAPÍTULO 1

O INÍCIO DA SUA HISTÓRIA

VOCÊ CERTAMENTE NÃO SE LEMBRA DE MUITAS COISAS QUE VIVEU QUANDO ERA BEBÊ, MAS EXISTEM VÁRIAS MANEIRAS DE CONHECER A SUA HISTÓRIA.

PARA COMEÇO DE CONVERSA

1. EM QUE CADA PESSOA DA ILUSTRAÇÃO ESTÁ PENSANDO? O QUE HÁ DE COMUM ENTRE OS PENSAMENTOS DELAS?

2. QUANDO VOCÊ ERA BEBÊ, QUAIS ADULTOS FORAM RESPONSÁVEIS POR CUIDAR DE VOCÊ? E HOJE, QUAIS ADULTOS FAZEM PARTE DE SUA VIDA?

3. VOCÊ ACHA IMPORTANTE CONHECER SUA PRÓPRIA HISTÓRIA? POR QUÊ?

SABER SER

◀ ILUSTRAÇÃO DE BEBÊ CERCADO POR SUA FAMÍLIA.

A VIDA DE BEBÊ

COMO ERA SUA VIDA QUANDO VOCÊ ERA UM BEBÊ?

É PROVÁVEL QUE VOCÊ NÃO SE LEMBRE DE MUITAS COISAS DESSA ÉPOCA.

PORÉM, AS PESSOAS QUE CUIDARAM DE VOCÊ PODEM TER MUITAS LEMBRANÇAS DE QUANDO VOCÊ ERA BEBÊ. VAMOS DESCOBRIR?

1 CONVERSE COM OS ADULTOS DE SUA FAMÍLIA PARA DESCOBRIR ALGUMAS INFORMAÇÕES DE SUA VIDA DE BEBÊ. DEPOIS, DESENHE AS DESCOBERTAS QUE VOCÊ FEZ.

A. COMO ERA SEU CORPO QUANDO VOCÊ ERA BEBÊ?

B. COMO ERAM AS PESSOAS QUE COSTUMAVAM CUIDAR DE VOCÊ?

C. QUAIS ERAM SEUS BRINQUEDOS FAVORITOS?

D. QUAL ERA A ATIVIDADE QUE VOCÊ MAIS REALIZAVA NAQUELA ÉPOCA?

2 NA SALA DE AULA, TROQUE DE LIVRO COM UM COLEGA.

A. PEÇA AO COLEGA QUE EXPLIQUE CADA DESENHO QUE ELE FEZ.

B. AGORA, É SUA VEZ DE EXPLICAR SEUS DESENHOS AO COLEGA.

C. VOCÊS DESENHARAM ALGUMA COISA EM COMUM? O QUÊ? DESENHARAM COISAS DIFERENTES TAMBÉM? QUAIS? CONVERSEM SOBRE ISSO.

A VIDA ANTES DE AGORA

VOCÊ VIU QUE PARA SABER DA SUA VIDA DE BEBÊ FOI PRECISO CONVERSAR COM SEUS FAMILIARES.

O PERÍODO EM QUE VOCÊ ERA BEBÊ, QUE OCORREU ANTES DO PERÍODO ATUAL, É CHAMADO DE **PASSADO**. JÁ O PERÍODO ATUAL É CHAMADO DE **PRESENTE**.

ALÉM DAS PESSOAS, ALGUMAS COISAS NOS AJUDAM A CONTAR NOSSA HISTÓRIA E A DESCOBRIR INFORMAÇÕES SOBRE O NOSSO PASSADO.

3 VEJA, NA PÁGINA 129, FOTOS DE VÁRIOS OBJETOS. COM A AJUDA DO ADULTO QUE CUIDA DE VOCÊ, DESTAQUE E COLE, NO QUADRO A SEGUIR, OS OBJETOS QUE GERALMENTE SÃO UTILIZADOS POR UM BEBÊ. DEPOIS, TENTE ESCREVER OS NOMES DESSES OBJETOS.

4 VOCÊ SABE QUAL É A UTILIDADE DOS OBJETOS QUE VOCÊ COLOU NO QUADRO DA ATIVIDADE ANTERIOR? LIGUE CADA OBJETO AO TEXTO QUE INDICA SUA UTILIDADE.

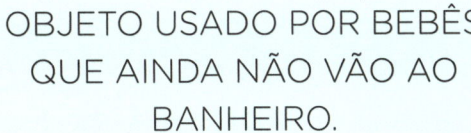
REPRESENTAÇÃO SEM PROPORÇÃO DE TAMANHO ENTRE OS ELEMENTOS.

▲ CARRINHO DE BEBÊ

OBJETO USADO POR BEBÊS QUE AINDA NÃO VÃO AO BANHEIRO.

▲ FRALDA

OBJETO USADO PARA MANTER A ROUPA DO BEBÊ LIMPA DURANTE AS REFEIÇÕES.

▲ BERÇO

OBJETO USADO PARA TRANSPORTAR BEBÊS.

▲ MAMADEIRA

OBJETO USADO PARA DAR LÍQUIDOS AOS BEBÊS.

▲ BABADOR

TIPO DE CAMA, COM GRADES, PARA EVITAR QUE OS BEBÊS CAIAM.

5 QUAIS DESSES OBJETOS VOCÊ JÁ UTILIZOU, MAS HOJE NÃO USA MAIS? EXPLIQUE.

6 QUANDO NÃO PRECISAMOS MAIS DE UM OBJETO, O QUE PODEMOS FAZER COM ELE? QUANDO ESSE OBJETO ESTÁ EM BOM ESTADO, É POSSÍVEL DOÁ-LO. ASSIM, OUTRAS PESSOAS QUE NECESSITAM DELE PODEM USÁ-LO TAMBÉM. VOCÊ JÁ DOOU COISAS QUE NÃO USAVA MAIS? E JÁ RECEBEU COISAS DE DOAÇÃO?

SABER SER

FASES DA VIDA

ALGUMAS IMAGENS TAMBÉM NOS AJUDAM A IDENTIFICAR COMO ERA A VIDA NO PASSADO. AS IMAGENS A SEGUIR MOSTRAM AS **FASES DA VIDA** DE DOM PEDRO II, UM ANTIGO GOVERNANTE DO BRASIL. NESSA ÉPOCA, OS BRASILEIROS ERAM GOVERNADOS POR UM REI, E DOM PEDRO II FOI UM DELES.

REPRESENTAÇÃO SEM PROPORÇÃO DE TAMANHO ENTRE OS ELEMENTOS.

▲ ARNAUD J. PALLIÈRE. *DOM PEDRO DE ALCÂNTARA*, 1830. ÓLEO SOBRE TELA.

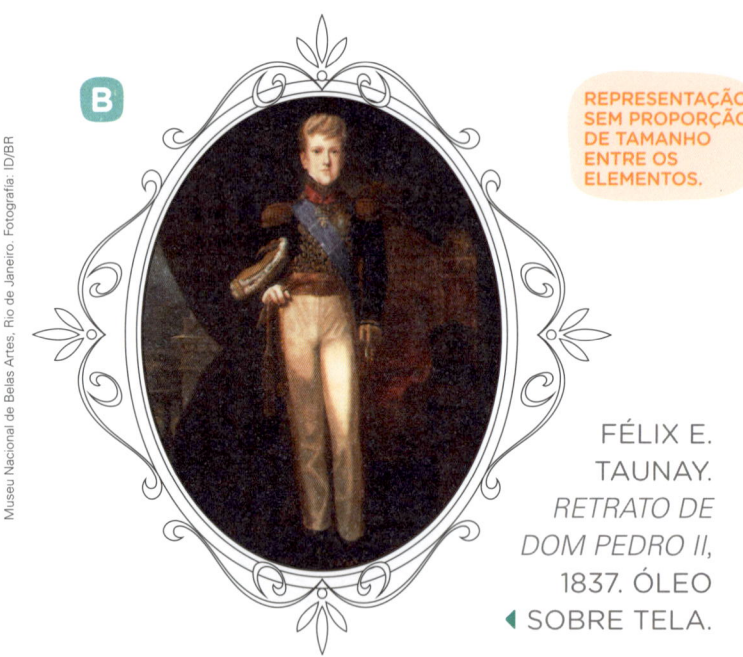

◀ FÉLIX E. TAUNAY. *RETRATO DE DOM PEDRO II*, 1837. ÓLEO SOBRE TELA.

▲ VICTOR MEIRELLES. *DOM PEDRO II*, 1864. ÓLEO SOBRE TELA.

◀ MARC FERREZ. FOTO DE DOM PEDRO II, 1885.

22 VINTE E DOIS

1 PINTE AS MOLDURAS DAS IMAGENS DE ACORDO COM AS FASES DA VIDA DE DOM PEDRO II.

- 🟩 INFÂNCIA
- 🟦 FASE ADULTA
- 🟨 ADOLESCÊNCIA
- 🟪 VELHICE

A FASE DA VIDA EM QUE VOCÊ ESTÁ FAZ PARTE DO PRESENTE. AS FASES DA VIDA PELAS QUAIS VOCÊ AINDA NÃO PASSOU FAZEM PARTE DO **FUTURO**.

TUDO O QUE VAI ACONTECER DEPOIS DO MOMENTO ATUAL FAZ PARTE DO FUTURO. POR EXEMPLO: O DIA DE AMANHÃ, A PRÓXIMA SEMANA, SEU PRÓXIMO ANIVERSÁRIO, O PRÓXIMO ANO, A HORA DA SAÍDA DA ESCOLA E O HORÁRIO EM QUE VOCÊ VAI REENCONTRAR SUA FAMÍLIA.

VOCÊ JÁ PENSOU SOBRE QUAL É A FASE DA VIDA EM QUE VOCÊ ESTÁ?

2 LIGUE CADA FASE DE SUA VIDA AO PASSADO, AO PRESENTE OU AO FUTURO.

INFÂNCIA	PASSADO
ADOLESCÊNCIA	
	PRESENTE
FASE ADULTA	
VELHICE	FUTURO

Rodrigo Cordeiro/ID/BR

3 COM A ORIENTAÇÃO DO PROFESSOR, VOCÊ VAI MONTAR UM PAINEL DE IMAGENS COMO O PAINEL DE DOM PEDRO II, QUE VOCÊ ESTUDOU. ESSE PAINEL VAI MOSTRAR MOMENTOS DA SUA VIDA!

- PARA ISSO, PEÇA AOS ADULTOS DE SUA FAMÍLIA FOTOS QUE MOSTREM COMO VOCÊ ERA NO PASSADO: QUANDO VOCÊ ERA BEBÊ, QUANDO VOCÊ PARTICIPOU DE FESTAS E BRINCADEIRAS E QUANDO ESTAVA EM CASA OU NA CASA DE AMIGOS E FAMILIARES, POR EXEMPLO. SE NÃO HOUVER FOTOS, FAÇA DESENHOS QUE MOSTREM COMO VOCÊ ERA.
- PROVIDENCIE TAMBÉM UMA IMAGEM ATUAL DE VOCÊ. PODE SER UMA FOTO OU UM DESENHO SEU.
- EM UMA FOLHA AVULSA DE PAPEL, COLE AS IMAGENS: DA IMAGEM MAIS ANTIGA PARA A IMAGEM MAIS ATUAL.
- INDIQUE SUA IDADE EM CADA IMAGEM E ESCREVA SEU NOME NO TOPO DA FOLHA.
- PARA TER UMA IDEIA DE COMO SEU TRABALHO VAI FICAR, VEJA O PAINEL DE TAINÁ.

4 QUANDO SEU PAINEL ESTIVER PRONTO, OBSERVE AS IMAGENS E RESPONDA: O QUE MUDOU EM SEU CORPO AO LONGO DO TEMPO? E O QUE MUDOU EM SEU COMPORTAMENTO? COMENTE COM A TURMA E VEJA SE VOCÊS PERCEBERAM AS MESMAS MUDANÇAS.

ROUPAS ANTIGAS

AS ROUPAS SÃO IMPORTANTES PISTAS TANTO DO PASSADO QUANTO DO PRESENTE. AS ROUPAS QUE VOCÊ USAVA QUANDO ERA BEBÊ, POR EXEMPLO, NÃO SERVEM MAIS, POIS VOCÊ CRESCEU E SEU CORPO MUDOU.

ALÉM DAS ROUPAS DO DIA A DIA, HÁ AQUELAS QUE USAMOS EM DETERMINADAS SITUAÇÕES, COMO O UNIFORME DA ESCOLA, AS ROUPAS PRÓPRIAS PARA IR A FESTAS OU AS ROUPAS QUE USAMOS PARA PASSEAR.

1. COM A AJUDA DO ADULTO QUE CUIDA DE VOCÊ, COMPLETE O VARAL A SEGUIR COM UM DESENHO DE UMA ROUPA QUE VOCÊ USAVA NO PASSADO (COMO AS ROUPAS DE BEBÊ) E UM DESENHO DE UMA ROUPA QUE VOCÊ USA ATUALMENTE PARA IR À ESCOLA.

2. OBSERVE OS DESENHOS QUE VOCÊ FEZ. QUE DIFERENÇAS HÁ ENTRE ESSAS PEÇAS DE ROUPA?

BRINQUEDOS E BRINCADEIRAS

ALÉM DAS ROUPAS, ALGUNS COSTUMES E OUTROS OBJETOS MOSTRAM COMO ERA A VIDA NO PASSADO E COMO ELA É NO PRESENTE. OS BRINQUEDOS E AS BRINCADEIRAS SÃO EXEMPLOS DISSO. OBSERVE AS IMAGENS.

▲ CRIANÇAS GUARANIS EM ALDEIA DE MARICÁ, RIO DE JANEIRO. FOTO DE 2014.

▲ CRIANÇAS QUILOMBOLAS EM CAVALCANTE, GOIÁS. FOTO DE 2016.

▲ DETALHE DE ILUSTRAÇÃO FRANCESA PUBLICADA EM CERCA DE 1810.

▲ CRIANÇAS RIBEIRINHAS DE AIUCÁ, EM UARINI, AMAZONAS. FOTO DE 2017.

PARA EXPLORAR

JOGO DE BILA
DISPONÍVEL EM: http://territoriodobrincar.com.br/brincadeiras/bila/.
ACESSO EM: 9 FEV. 2021.

CONHEÇA O JOGO DE BILA, UMA BRINCADEIRA DA COMUNIDADE DE TATAJUBA, NO CEARÁ. ESSE JOGO É REALIZADO COM BOLAS DE VIDRO QUE, EM OUTRAS PARTES DO BRASIL, SÃO CONHECIDAS COMO BOLAS DE GUDE, BERLINDE, FUBECA E OUTROS NOMES.

1 PINTE DE **LARANJA** OS QUADRINHOS QUE APRESENTAM AS FRASES CORRETAS SOBRE O CONJUNTO DE IMAGENS QUE VOCÊ OBSERVOU.

- ☐ O BRINQUEDO UTILIZADO PELAS CRIANÇAS É A BOLA.
- ☐ NO PASSADO, AS CRIANÇAS NÃO BRINCAVAM DE BOLA.
- ☐ HÁ MUITOS JEITOS DE BRINCAR DE BOLA.
- ☐ SÓ É POSSÍVEL JOGAR BOLA EM UM CAMPO DE FUTEBOL.
- ☐ NO PRESENTE, AS CRIANÇAS NÃO BRINCAM DE BOLA.
- ☐ A BOLA TAMBÉM É USADA EM ESPORTES COMO BASQUETE, VÔLEI, TÊNIS E FUTEBOL, QUE SÃO PRATICADOS POR PESSOAS DE DIFERENTES IDADES.

2 ALGUMA DESSAS IMAGENS MOSTRA UMA BRINCADEIRA QUE VOCÊ CONHECE? VOCÊ GOSTA DESSE TIPO DE BRINCADEIRA? CONTE AOS COLEGAS DE TURMA.

3 VOCÊ COSTUMA BRINCAR COM O BRINQUEDO MOSTRADO NAS IMAGENS? COMO VOCÊ BRINCA COM ELE?

4 COM A AJUDA DO PROFESSOR, VOCÊ E OS COLEGAS VÃO MONTAR UMA LISTA DE BRINCADEIRAS COM ESSE BRINQUEDO. VOCÊS DEVEM BRINCAR UM POUCO DE CADA BRINCADEIRA DA LISTA NA ESCOLA. REGISTREM AS BRINCADEIRAS EM FOTOS, VÍDEOS OU DESENHOS. DEPOIS, OBSERVEM OS REGISTROS E COMPARTILHEM COM OS ADULTOS RESPONSÁVEIS POR VOCÊS, COMENTANDO SUAS EXPERIÊNCIAS COM AS BRINCADEIRAS REALIZADAS.

5 CONTE AOS COLEGAS: QUAIS SÃO AS NOVAS BRINCADEIRAS QUE VOCÊ APRENDEU? DE QUAL VOCÊ MAIS GOSTOU? POR QUÊ?

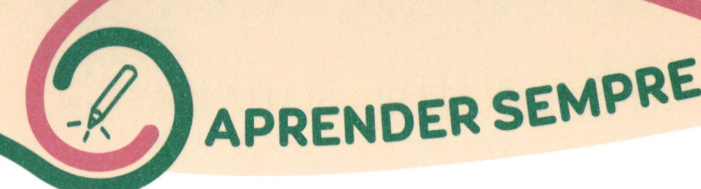

1. OBSERVE A TIRA E ACOMPANHE A LEITURA DO PROFESSOR.

ALEXANDRE BECK. ARMANDINHO. *DIÁRIO CATARINENSE*, FLORIANÓPOLIS, OUT. 2012.

A. VOCÊ SABE O QUE É UM CALÇADO FEITO SOB MEDIDA? VOCÊ JÁ TEVE UM CALÇADO DESSE TIPO?

B. HÁ QUANTO TEMPO ARMANDINHO DISSE QUE GANHOU ESSE TIPO DE CALÇADO? ISSO INDICA UM ACONTECIMENTO PASSADO, PRESENTE OU FUTURO?

C. COMO VOCÊ EXPLICARIA A ARMANDINHO POR QUE OS SAPATOS DELE ESTÃO APERTADOS?

2. COM A AJUDA DOS ADULTOS RESPONSÁVEIS POR VOCÊ, ESCOLHA UM OBJETO QUE FEZ PARTE DE SEU PASSADO.

A. TRAGA ESSE OBJETO PARA A ESCOLA E CONTE AOS COLEGAS COMO VOCÊ COSTUMAVA USÁ-LO E POR QUE ELE É IMPORTANTE PARA CONHECER SEU PASSADO.

B. OUÇA OS RELATOS DOS COLEGAS E OBSERVE OS OBJETOS QUE ELES TROUXERAM. QUAL DELES CHAMOU MAIS SUA ATENÇÃO? ANOTE NO QUADRO ABAIXO.

NOME DO OBJETO	NOME DO DONO DO OBJETO

3 OUÇA O POEMA QUE O PROFESSOR VAI LER.

BONECA É MOLECA?
BONECA TEM MÃE
TEM PAI TEM IRMÃO
TEM PRIMO VIZINHO
AVÔ PADRINHO?

FESTA DE ANIVERSÁRIO
BOLO DE FRAMBOESA
ROUPINHA DE BAILARINA
SAPATILHA-SURPRESA?
BONECA PEDE BOLA BALA
BRINQUEDO
BONECA PEDE BONECA?

VERA LÚCIA DE OLIVEIRA.
VIDA DE BONECA. SÃO PAULO: SM, 2013. P. 9.

A. ESSE POEMA É SOBRE QUAL BRINQUEDO? CONTORNE DE **AZUL** O NOME DO BRINQUEDO NO POEMA.

B. VOCÊ COSTUMA BRINCAR COM ESSE TIPO DE BRINQUEDO? MARQUE COM UM **X**.

☐ SIM.   ☐ NÃO.

C. QUANDO BRINCAMOS COM ESSE BRINQUEDO, EM GERAL, INVENTAMOS UMA HISTÓRIA. ELE ACABA GANHANDO UM NOME, UMA FAMÍLIA, ROUPAS E JEITOS DE SER. SE VOCÊ FOSSE BRINCAR COM ESSE BRINQUEDO DO POEMA, QUE HISTÓRIA VOCÊ INVENTARIA? CONTE AOS COLEGAS COMO SERIA ESSA HISTÓRIA. DEPOIS, OUÇA AS HISTÓRIAS CRIADAS POR ELES.

D. TEM GENTE QUE DIZ QUE BONECA É BRINQUEDO SÓ DE MENINA. VOCÊ CONCORDA COM ISSO? POR QUÊ? CONVERSE COM A TURMA.

CAPÍTULO 2

VOCÊ TEM NOME

Todas as pessoas têm um nome. As cidades, as ruas, as escolas e os animais de estimação também têm um nome.

Mas de onde será que vêm esses nomes?

PARA COMEÇO DE CONVERSA

1. O que você acha que as crianças representadas nessa ilustração estão fazendo? Você já viveu uma situação parecida?

2. O que está escrito nos crachás das crianças? Por que eles são necessários?

3. Em sua opinião, qual é a importância do nome para as pessoas?

◂ Turma do 1º ano em excursão a um laboratório, observando misturas de sucos de frutas.

TUDO TEM NOME

VOCÊ JÁ PERCEBEU QUE AS PESSOAS, OS LUGARES E UMA PORÇÃO DE COISAS TÊM NOMES? O POEMA A SEGUIR FALA SOBRE ISSO. ACOMPANHE A LEITURA DO PROFESSOR.

POR QUE É QUE O JACARÉ
NÃO SE CHAMA CROCODILO?

EU NÃO GOSTO
DO MEU NOME,
NÃO FUI EU
QUEM ESCOLHEU.
EU NÃO SEI
POR QUE SE METEM
COM UM NOME
QUE É SÓ MEU!

[...]

QUANDO EU TIVER UM FILHINHO,
NÃO VOU PÔR NOME NENHUM.
QUANDO ELE FOR BEM GRANDE,
ELE QUE PROCURE UM!

PEDRO BANDEIRA. NOME DE GENTE. EM: *CAVALGANDO O ARCO-ÍRIS*. SÃO PAULO: MODERNA, 2003. P. 12-13.

1. A PESSOA DO POEMA GOSTA DO PRÓPRIO NOME?

2. O QUE A PESSOA DO POEMA VAI FAZER QUANDO TIVER UM FILHO?

3. VOCÊ GOSTA DO SEU NOME? VOCÊ SABE QUEM ESCOLHEU O SEU NOME?

4. EM SUA OPINIÃO, PARA QUE SERVE UM NOME?

NOMES AO REDOR

O MUNICÍPIO ONDE VOCÊ MORA TEM NOME, ASSIM COMO A ESCOLA ONDE VOCÊ ESTUDA.

SEUS FAMILIARES, COLEGAS DE TURMA E PROFESSORES TAMBÉM TÊM NOME, ASSIM COMO OS OBJETOS AO SEU REDOR. VAMOS PENSAR SOBRE ESSES NOMES?

5 QUAIS SÃO OS NOMES DOS OBJETOS QUE VOCÊ COSTUMA UTILIZAR NA ESCOLA? ESCOLHA QUATRO OBJETOS E ANOTE OS NOMES DELES A SEGUIR.

6 QUAIS SÃO OS NOMES DOS ADULTOS QUE FAZEM PARTE DE SUA FAMÍLIA? ANOTE OS NOMES DELES NOS QUADROS A SEGUIR. SE HOUVER MAIS DO QUE QUATRO, ESCREVA OS NOMES DELES NO CADERNO.

7 QUAL É O NOME DA ESCOLA ONDE VOCÊ ESTUDA?

8 QUAL É O NOME DO MUNICÍPIO ONDE ESTÁ A CASA EM QUE VOCÊ MORA?

9 QUAL É A DIFERENÇA ENTRE OS NOMES DOS OBJETOS E OS NOMES DAS PESSOAS E DOS LUGARES?

O NOME TAMBÉM TEM HISTÓRIA

JÁ IMAGINOU SE TODAS AS PESSOAS TIVESSEM O MESMO NOME? OU SE TODAS AS RUAS FOSSEM CHAMADAS DA MESMA FORMA? SERIA MUITO DIFÍCIL IDENTIFICAR CADA UMA. POR ISSO, QUANDO VOCÊ NASCEU, RECEBEU UM NOME. ELE É IMPORTANTE PARA QUE VOCÊ SEJA RECONHECIDO E IDENTIFICADO EM TODO LUGAR.

SEMPRE HÁ MOTIVOS PARA A ESCOLHA DOS NOMES. OUÇA A HISTÓRIA DO NOME DE KALUANA QUE O PROFESSOR VAI LER. ACOMPANHE A LEITURA COM O DEDO.

SEMPRE GOSTEI DESSE MEU NOME "DIFERENTE". [...] MEUS PAIS, ELIZETE E ANTÔNIO [...], QUERIAM PRA MIM UM NOME INCOMUM. [...] MEUS PAIS ENTÃO RESOLVERAM PESQUISAR [...] ATÉ QUE ENCONTRARAM NUM LIVRO INDÍGENA, DE UM AMIGO DELES, O NOME KALUANA, QUE [...] SIGNIFICAVA "VIDA, ALEGRIA E ESPERTEZA".

▲ O NOME KALUANA É COMUM ENTRE OS INDÍGENAS TAPIRAPÉ, DE TOCANTINS E MATO GROSSO. NA FOTO, KALUANA AOS 11 ANOS, EM 1985.

RELATO DE KALUANA NUNES BERTOLUCI. MUSEU DA PESSOA, 21 SET. 2005. DISPONÍVEL EM: https://acervo.museudapessoa.org/pt/conteudo/historia/meu-nome-40353. ACESSO EM: 16 FEV. 2021.

1 PINTE DE **ROXO** OS QUADRINHOS COM AS RESPOSTAS CERTAS.

A. QUEM ESCOLHEU O NOME DE KALUANA?

☐ A AVÓ PATERNA DELA.   ☐ O PAI E A MÃE DELA.

B. QUAL É A ORIGEM DO NOME KALUANA?

☐ AFRICANA   ☐ INDÍGENA

A HISTÓRIA DO SEU NOME

COM UMA PESQUISA, É POSSÍVEL DESCOBRIR ALGUMAS INFORMAÇÕES SOBRE SEU NOME. VAMOS LÁ?

2 ANOTE SEU NOME NO QUADRO A SEGUIR.

3 CONVERSE COM OS ADULTOS DE SUA FAMÍLIA E DESCUBRA QUEM ESCOLHEU SEU NOME. PERGUNTE A ELES POR QUE ESSE NOME FOI ESCOLHIDO E SE ELES SABEM A ORIGEM E O SIGNIFICADO DELE.

4 COM A AJUDA DA SUA FAMÍLIA, FAÇA UM DESENHO SOBRE A HISTÓRIA DE SEU NOME. DEPOIS, MOSTRE ESSE DESENHO QUANDO FOR CONTAR A HISTÓRIA DE SEU NOME AOS COLEGAS. SE HOUVER PESSOAS REPRESENTADAS NO DESENHO, ESCREVA OS NOMES DELAS. DEPOIS, OUÇA AS HISTÓRIAS DOS NOMES DOS COLEGAS.

5 ESSAS HISTÓRIAS OCORRERAM NO PASSADO OU NO PRESENTE? DIGA PARA OS COLEGAS.

6 HÁ COLEGAS DA TURMA QUE TÊM O NOME IGUAL AO SEU? SE HOUVER, RESPONDA: AS HISTÓRIAS QUE ELES CONTARAM SÃO IGUAIS OU SÃO DIFERENTES? CONVERSE COM A TURMA SOBRE O TEMA.

QUANTOS NOMES UM NOME TEM?

OS NOMES DAS PESSOAS SÃO FORMADOS POR VÁRIAS PALAVRAS. ALÉM DO PRIMEIRO NOME, HÁ OS **SOBRENOMES**. ELES AJUDAM A IDENTIFICAR CADA PESSOA.

OBSERVE O RETRATO DE UMA DAS FILHAS DE DOM PEDRO II, CONHECIDA COMO PRINCESA ISABEL.

O NOME COMPLETO DELA É ISABEL CRISTINA LEOPOLDINA AUGUSTA MICAELA GABRIELA RAFAELA GONZAGA DE BRAGANÇA E BOURBON.

PRINCESA ISABEL AOS 5 ANOS DE IDADE. FOTO DE 1851.

1 NO TOTAL, QUANTOS NOMES E SOBRENOMES FORMAVAM O NOME COMPLETO DA PRINCESA ISABEL? MARQUE COM UM **X**.

☐ 2 ☐ 4 ☐ 6 ☐ 8 ☐ 10

2 QUANTOS NOMES E SOBRENOMES FORMAM SEU NOME?

☐ 1 ☐ 2 ☐ 3 ☐ 4 ☐ 5
☐ 6 ☐ 7 ☐ 8 ☐ 9 ☐ 10

3 NA TURMA, QUEM TEM O NOME MAIS LONGO E QUEM TEM O NOME MAIS CURTO? COMPLETEM A TABELA A SEGUIR.

NOME MAIS LONGO	NOME MAIS CURTO

- DE ACORDO COM O QUE VOCÊS OBSERVARAM, É COMUM QUE, NO PRESENTE, AS PESSOAS TENHAM NOMES LONGOS COMO O DA PRINCESA ISABEL? EXPLIQUEM.

OS APELIDOS

OS APELIDOS PODEM SER UMA PARTE DOS NOMES COMPLETOS OU FORMAS CARINHOSAS DE CHAMAR AS PESSOAS DE QUEM GOSTAMOS.

ISABEL CRISTINA LEOPOLDINA AUGUSTA MICAELA GABRIELA RAFAELA GONZAGA DE BRAGANÇA E BOURBON, POR EXEMPLO, ERA CHAMADA DE PRINCESA ISABEL.

TAMBÉM COSTUMAMOS APELIDAR NOSSOS ANIMAIS DE ESTIMAÇÃO. OUÇA O POEMA QUE O PROFESSOR VAI LER.

> NATÁLIA TEM CINCO GATINHAS MALHADAS:
> LAURA, LAIMA, LAKTA, LANA E LAÍS.
> NA CASA DA NATÁLIA É UM TAL DE LÁ, LÁ, LÁ, LÁ, LÁ O DIA
> [INTEIRO.
> RABICHO DE GATO PRA CIMA E PRA BAIXO.
>
> RENATA BUENO. *NOME, SOBRENOME E APELIDO*.
> SÃO PAULO: COMPANHIA DAS LETRINHAS. 2010. P. 4.

4 NO POEMA, CONTORNE DE **MARROM** OS NOMES DAS GATAS DE NATÁLIA.

5 AGORA, COM UM LÁPIS **VERDE**, CONTORNE OS APELIDOS DAS GATAS QUE ELA TEM.

6 EM SUA OPINIÃO, COMO NATÁLIA CRIOU OS APELIDOS DE SUAS GATAS?

7 POR QUE NA CASA ONDE NATÁLIA MORA "É UM TAL DE LÁ, LÁ, LÁ, LÁ, LÁ O DIA INTEIRO"?

8 E VOCÊ? TEM ALGUM APELIDO? JÁ APELIDOU ALGUÉM? CONTE AOS COLEGAS.

VAMOS LER IMAGENS!

DETALHES DOS CRACHÁS

O CRACHÁ É UM OBJETO DE IDENTIFICAÇÃO. HÁ ESCOLAS, POR EXEMPLO, EM QUE ESTUDANTES, PROFESSORES E OUTROS FUNCIONÁRIOS USAM CRACHÁS.

EM GERAL, ELE É AFIXADO À ROUPA OU PENDURADO NO PESCOÇO. O CRACHÁ REPRODUZIDO A SEGUIR PERTENCE A UMA ESTUDANTE. OBSERVE AS INFORMAÇÕES.

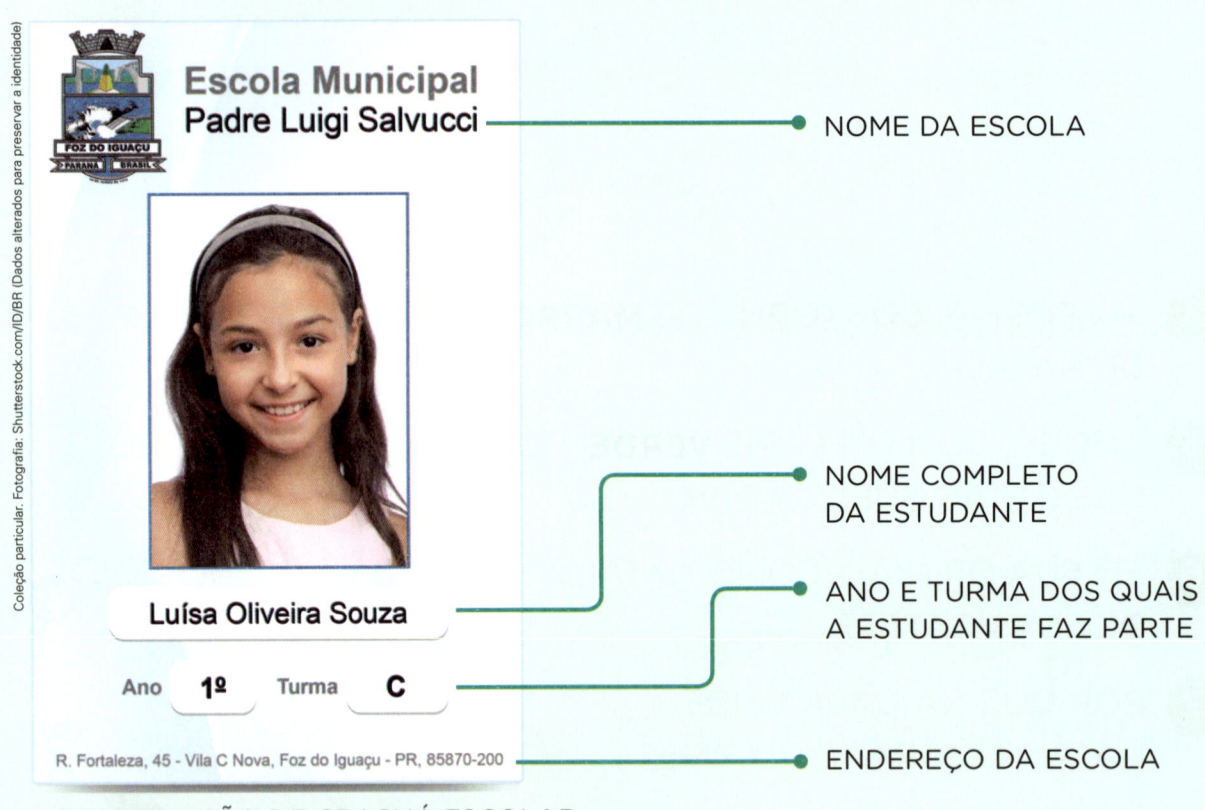

- NOME DA ESCOLA
- NOME COMPLETO DA ESTUDANTE
- ANO E TURMA DOS QUAIS A ESTUDANTE FAZ PARTE
- ENDEREÇO DA ESCOLA

▲ REPRODUÇÃO DE CRACHÁ ESCOLAR.

A FOTO DO CRACHÁ DEVE PERMITIR A IDENTIFICAÇÃO RÁPIDA DA PESSOA. GERALMENTE, ELA DESTACA O ROSTO DA PESSOA.

O FUNDO DA FOTO COSTUMA SER NEUTRO, ISTO É, NÃO HÁ OUTROS ELEMENTOS RETRATADOS NA FOTO.

AGORA É A SUA VEZ

1 OBSERVE ESTE CRACHÁ E CONTORNE OS ITENS NO DOCUMENTO, DE ACORDO COM AS CORES A SEGUIR.

REPRODUÇÃO DE CRACHÁ ESCOLAR.

- NOME DA ESCOLA.
- INFORMAÇÕES SOBRE A TURMA DO DONO DO CRACHÁ.
- NOME DO DONO DO CRACHÁ.
- FOTO DO DONO DO CRACHÁ.

2 RETOME A FOTO DO CRACHÁ DE FABRÍCIO. QUAIS SÃO AS CARACTERÍSTICAS DELA? MARQUE COM UM **X**.

- ☐ FUNDO COM VÁRIAS CORES.
- ☐ FUNDO DE UMA COR.
- ☐ É FÁCIL IDENTIFICAR A PESSOA.
- ☐ FOTO DE CORPO INTEIRO.
- ☐ A PESSOA RETRATADA É UMA CRIANÇA.
- ☐ FOTO APENAS DO ROSTO.
- ☐ A PESSOA RETRATADA É UM ADULTO.

3 NA ESCOLA EM QUE VOCÊ ESTUDA, É COMUM O USO DE CRACHÁ? QUE INFORMAÇÕES ELE APRESENTA?

4 POR QUE NÃO COSTUMAMOS USAR CRACHÁ EM CASA?

APRENDER SEMPRE

1 OUÇA O TEXTO QUE O PROFESSOR VAI LER.

> [...] O POVO GUARANI KAIOWÁ [...] VIVE NO SUL DO MATO GROSSO DO SUL. [...] UM DOS RITUAIS MAIS IMPORTANTES PARA ESSE POVO [...] É O [...] *NIMONGARAI*. É O RITUAL EM QUE AS CRIANÇAS RECEBEM SEUS NOMES!
>
> [...] OS REZADORES [...] CANTAM E DANÇAM PARA RECEBER O VERDADEIRO NOME DA CRIANÇA, QUE É REVELADO EM OUTRO MUNDO: O MUNDO DOS SERES DIVINOS. PARA OUVIR ESSE NOME, OS REZADORES USAM INSTRUMENTOS MUSICAIS SAGRADOS [...]. O RITUAL PRECISA SER FEITO ANTES DE O BEBÊ COMPLETAR DOIS ANOS [...].
>
> DE ONDE VÊM OS NOMES? POVOS INDÍGENAS NO BRASIL MIRIM. INSTITUTO SOCIOAMBIENTAL. DISPONÍVEL EM: https://mirim.org/node/8533. ACESSO EM: 16 FEV. 2021.

AGORA, PINTE DE **AZUL** OS QUADROS COM OS TEXTOS QUE COMPLETAM AS FRASES CORRETAMENTE.

A. OS NOMES DAS CRIANÇAS GUARANI KAIOWÁS SÃO

- UMA ESCOLHA DOS PAIS DELAS.
- UMA REVELAÇÃO DOS SERES DIVINOS.

B. NO RITUAL EM QUE AS CRIANÇAS GUARANI KAIOWÁS RECEBEM UM NOME, HÁ

- MÚSICA E DANÇA.
- CONTAÇÃO DE HISTÓRIAS.

C. AS CRIANÇAS KAIOWÁS DEVEM RECEBER UM NOME ANTES DE COMPLETAR

- DOZE ANOS.
- DOIS ANOS.

2 CONVERSE COM UM ADULTO DE SUA FAMÍLIA E DESCUBRA QUAL ERA SUA IDADE QUANDO VOCÊ RECEBEU SEU NOME. COMPLETE A FRASE A SEGUIR COM ESSA INFORMAÇÃO.

QUANDO GANHEI MEU NOME EU TINHA _____.

- NA ESCOLA, TROQUE DE LIVRO COM UM COLEGA E DESCUBRA A IDADE QUE ELE TINHA QUANDO RECEBEU O NOME DELE.

3 A TIRA A SEGUIR MOSTRA DUAS PERSONAGENS: UM ELEFANTE E UM MAMUTE. O AUTOR DELA IMAGINOU UM DIÁLOGO ENTRE OS DOIS ANIMAIS. ACOMPANHE A LEITURA DO PROFESSOR.

APELIDO — DIGOFREITAS.COM

- Certo, Ramón. De onde você é de verdade?
- Eu não chamo "Ramón". Era brincadeira. Pode me chamar de Le Fan.
- Legal, "Lele".
- Por favor, não me chame de "Lele".
- Por quê? Eu te chamo de Lele, você me chama de Mamu. Não é legal?
- Ainda vou me aborrecer muito com esse mamute.

DIGO FREITAS. *MAMU & LE FAN*, 6 DEZ. 2011. DISPONÍVEL EM: https://digofreitas.com/hq/ml-58-apelido/. ACESSO EM: 16 FEV. 2021.

A. QUAL É O VERDADEIRO NOME DO ELEFANTE?

B. QUE APELIDO ELE GANHOU DO MAMUTE?

C. COMO O MAMUTE QUER SER CHAMADO?

D. AS DUAS PERSONAGENS GOSTAM DOS APELIDOS QUE ELAS TÊM? EXPLIQUE.

E. IMAGINE QUE ALGUÉM DA TURMA DETESTE O APELIDO QUE TEM. COMO OS COLEGAS DEVEM AGIR? POR QUÊ?

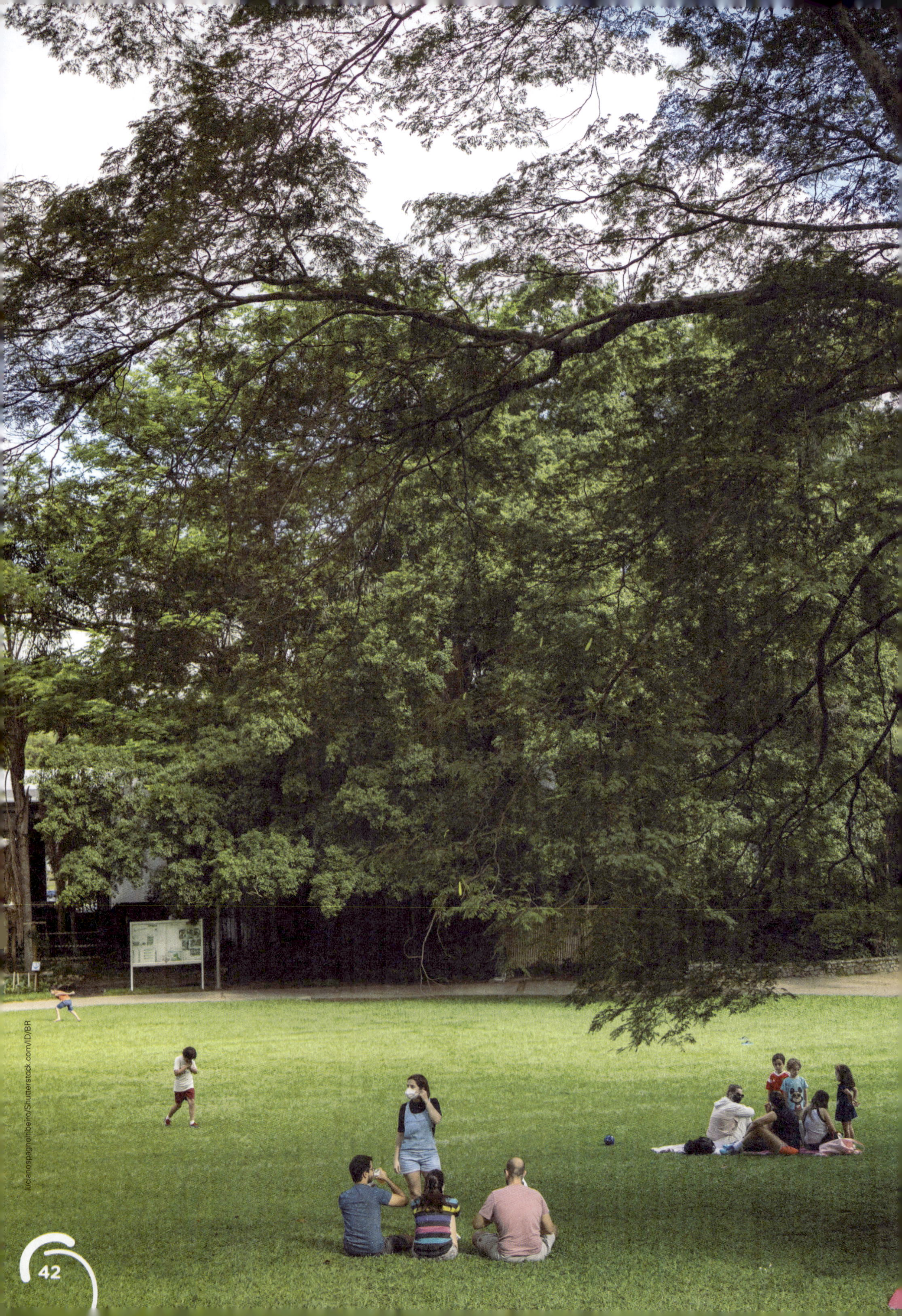
lucianospagnolribeiro/Shutterstock.com/ID/BR

CAPÍTULO 3

RECONHECENDO A FAMÍLIA

VOCÊ FAZ PARTE DE UMA FAMÍLIA. CADA FAMÍLIA PODE SER FORMADA DE DIFERENTES MANEIRAS, MAS AS FAMÍLIAS TAMBÉM TÊM SEMELHANÇAS: AS PESSOAS DE UMA FAMÍLIA CUIDAM UMAS DAS OUTRAS!

PARA COMEÇO DE CONVERSA

1. COMO SÃO AS FAMÍLIAS RETRATADAS NA FOTO? O QUE ELAS ESTÃO FAZENDO?

2. VOCÊ JÁ VIVENCIOU UMA SITUAÇÃO COMO A DA FOTO COM A SUA FAMÍLIA? CONTE COMO FOI.

3. EM SUA OPINIÃO, É IMPORTANTE RESPEITAR OS DIFERENTES TIPOS DE FAMÍLIA QUE EXISTEM? POR QUÊ?

SABER SER

◀ FAMÍLIAS NO PARQUE BURLE MARX, NO MUNICÍPIO DE SÃO PAULO. FOTO DE 2020.

MAS O QUE É FAMÍLIA?

AS PESSOAS COM QUEM VOCÊ MORA FAZEM PARTE DE SUA FAMÍLIA. ESSAS PESSOAS E VOCÊ PODEM TER OU NÃO TER A MESMA ORIGEM FAMILIAR, POR NASCIMENTO.

O QUE IMPORTA MESMO É O AFETO QUE EXISTE ENTRE OS MEMBROS DE UMA FAMÍLIA. OBSERVE AS ILUSTRAÇÕES DAS FAMÍLIAS A SEGUIR.

▲ MOSAICO DE ILUSTRAÇÕES QUE MOSTRA DIFERENTES TIPOS DE FAMÍLIAS.

1. ESSAS FAMÍLIAS SÃO DIFERENTES OU SÃO SEMELHANTES ENTRE SI? EXPLIQUE.

2. SUA FAMÍLIA SE PARECE COM ALGUMA DESSAS FAMÍLIAS? EM CASO AFIRMATIVO, EXPLIQUE AS SEMELHANÇAS.

3. EM SUA OPINIÃO, O QUE É UMA FAMÍLIA?

ALGUNS SIGNIFICADOS

A PALAVRA **FAMÍLIA** TEM MUITOS SIGNIFICADOS. ESSES SIGNIFICADOS VARIAM CONFORME A ÉPOCA E O POVO. ASSIM, NO PASSADO, A PALAVRA FAMÍLIA TINHA UM SIGNIFICADO DIFERENTE DO QUE ELA TEM HOJE.

ATUALMENTE, FAMÍLIA É UM GRUPO DE PESSOAS QUE VIVEM JUNTAS E TÊM LAÇOS AFETIVOS, PODENDO OU NÃO TER **ANTEPASSADOS** EM COMUM.

> **ANTEPASSADO:** PARENTE ANTIGO, QUE É ANTERIOR AOS AVÓS. TAMBÉM É CONHECIDO COMO ANCESTRAL.

PARA MUITOS POVOS AFRICANOS, CONHECER A HISTÓRIA VIVIDA POR SEUS ANCESTRAIS É O MESMO QUE CONHECER A FAMÍLIA. O TEXTO QUE O PROFESSOR VAI LER É SOBRE ISSO. ACOMPANHE A LEITURA DELE COM O DEDO.

> EM MUITAS COMUNIDADES AFRICANAS ACREDITA-SE QUE SÓ SE CONHECE DE VERDADE UMA PESSOA CONHECENDO A SUA FAMÍLIA DE ORIGEM. SUA PERSONALIDADE, EDUCAÇÃO E CARACTERÍSTICAS SÃO DEFINIDAS A PARTIR DA FAMÍLIA. [...]
>
> NAS SOCIEDADES EM QUE A CONVIVÊNCIA FAMILIAR É [...] PERMANENTE, EM QUE OS CONHECIMENTOS E SABERES SÃO PASSADOS, EM SUA MAIOR PARTE, POR [...] FAMILIARES, [...] A FAMÍLIA ASSUME IMPORTÂNCIA VITAL.
>
> FAMÍLIAS. SÉRIE MOJUBÁ. A COR DA CULTURA. DISPONÍVEL EM: http://antigo.acordacultura.org.br/mojuba/programa/fam%C3%ADlias. ACESSO EM: 16 FEV. 2021.

4 QUAL É A IMPORTÂNCIA DAS PESSOAS MAIS VELHAS NAS COMUNIDADES AFRICANAS?

5 E EM SUA FAMÍLIA, QUAL É A IMPORTÂNCIA DELAS?

6 O QUE VOCÊS APRENDERAM COM OS ADULTOS E COM OS IDOSOS DA FAMÍLIA DE VOCÊS? COM A AJUDA DO PROFESSOR, FAÇAM UMA LISTA NA LOUSA.

QUEM FAZ PARTE DA FAMÍLIA?

VOCÊ JÁ OBSERVOU QUE HÁ DIFERENTES TIPOS DE FAMÍLIA. CADA FAMÍLIA É FORMADA POR PESSOAS QUE COMPARTILHAM COSTUMES, ISTO É, JEITOS DE REALIZAR AS ATIVIDADES DO DIA A DIA, COMO ARRUMAR A CASA, PREPARAR AS REFEIÇÕES E ORGANIZAR OS BRINQUEDOS.

CONFORME VOCÊ APRENDE COM OS MAIS VELHOS E DESENVOLVE HABILIDADES, VOCÊ TAMBÉM APRENDE OS COSTUMES DE SUA FAMÍLIA.

7 QUEM FAZ PARTE DE SUA FAMÍLIA? COM A ORIENTAÇÃO DO PROFESSOR, ANOTE O NOME DE CADA INTEGRANTE DELA.

_____

_____

_____

8 COM A AJUDA DO ADULTO QUE CUIDA DE VOCÊ, SIGA AS ETAPAS LISTADAS PARA MONTAR UM PORTA-RETRATOS. AO FINAL, COLOQUE UMA IMAGEM DE SUA FAMÍLIA NELE.

- DESTAQUE AS PEÇAS DA PÁGINA 131 E FAÇA DOBRAS NAS LINHAS INDICADAS.

- NO CARTÃO EM BRANCO, COLE UMA IMAGEM DA SUA FAMÍLIA. PODE SER UMA FOTO OU UM DESENHO. LEMBRE-SE DE QUE TODOS OS INTEGRANTES DA FAMÍLIA DEVEM ESTAR REPRESENTADOS.

- ENCAIXE AS PARTES COM NÚMEROS IGUAIS, UNINDO SEMPRE UMA BOLINHA AZUL COM UMA VERMELHA. SIGA O MODELO ILUSTRADO PARA MONTAR SEU PORTA-RETRATOS.

- MOSTRE SEU PORTA-RETRATOS À TURMA E VEJA OS RETRATOS DAS FAMÍLIAS DOS COLEGAS.

HOJE, É BASTANTE COMUM CONSIDERAR OS ANIMAIS DE ESTIMAÇÃO COMO MEMBROS DA FAMÍLIA. O TEXTO QUE O PROFESSOR VAI LER É SOBRE ESSE COSTUME.

[...] ESSA RELAÇÃO DE CARINHO E AMIZADE ENTRE O SER HUMANO E OS CACHORROS É ANTIGA. HÁ MAIS DE 30 MIL ANOS, NA EUROPA, OS HOMENS E MULHERES DO PASSADO COMEÇARAM A CRIAR E DOMESTICAR LOBOS-CINZENTOS [...].

FORAM ESSES LOBOS QUE, COM O PASSAR DO TEMPO, DERAM ORIGEM AOS CACHORROS.

BRITON RIVIÈRE. *SIMPATIA*, 1877. ÓLEO SOBRE TELA.

HENRIQUE CALDEIRA COSTA. O MELHOR AMIGO DO HOMEM. *CIÊNCIA HOJE DAS CRIANÇAS*, 4 MAIO 2012. DISPONÍVEL EM: http://chc.org.br/coluna/o-melhor-amigo-do-homem/. ACESSO EM: 16 FEV. 2021.

9 O TEXTO E A IMAGEM ABORDAM QUAL ANIMAL DE ESTIMAÇÃO?

_____

10 A CONVIVÊNCIA ENTRE ESSES ANIMAIS E OS SERES HUMANOS É UMA SITUAÇÃO QUE TEM ORIGEM NO PASSADO OU NO PRESENTE? MARQUE COM UM **X**.

☐ NO PASSADO.   ☐ NO PRESENTE.

11 EM SUA FAMÍLIA, HÁ ANIMAIS DE ESTIMAÇÃO? SE HOUVER, ESCREVA OS TIPOS DE ANIMAIS E O NOME DELES.

_____

_____

REGISTROS

DOCUMENTOS PESSOAIS

É POSSÍVEL ENCONTRAR O NOME DE PESSOAS DE NOSSA FAMÍLIA EM VÁRIOS **DOCUMENTOS**.

ESSES DOCUMENTOS COMPROVAM NOSSA IDENTIDADE E SÃO SOLICITADOS, POR EXEMPLO, PARA A MATRÍCULA NA ESCOLA, PARA O ATENDIMENTO EM POSTOS DE SAÚDE E HOSPITAIS, ENTRE OUTRAS SITUAÇÕES. OBSERVE ALGUNS DESSES DOCUMENTOS.

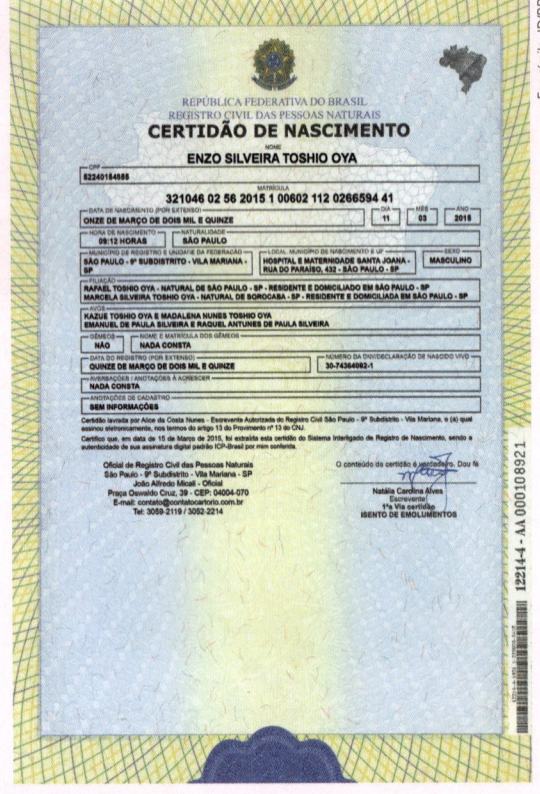

▲ CERTIDÃO DE NASCIMENTO.

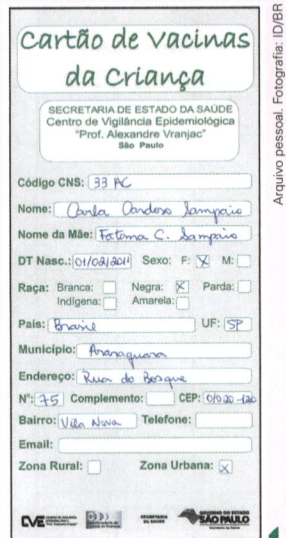

◀ CARTEIRA DE VACINAÇÃO.

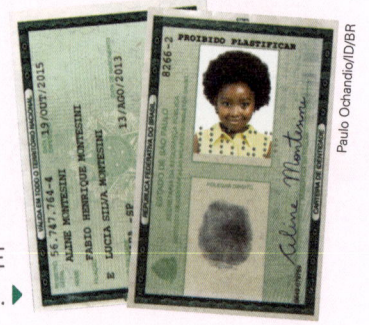

CARTEIRA DE IDENTIDADE. ▶

1. QUAIS DESSES DOCUMENTOS VOCÊ TEM? CONTORNE AQUELES QUE VOCÊ TEM.

2. OS NOMES DE QUAIS FAMILIARES COSTUMAM APARECER NESSES DOCUMENTOS? PARA RESPONDER, PEÇA AJUDA A UM ADULTO DE SUA FAMÍLIA E CONSULTE SEUS DOCUMENTOS.

COMPARANDO AS FAMÍLIAS

AGORA QUE VOCÊ OBSERVOU ALGUMAS CARACTERÍSTICAS IMPORTANTES DA SUA FAMÍLIA, QUE TAL CONHECER A FAMÍLIA DE UM COLEGA?

1 TROQUE DE LIVRO COM UM COLEGA. OBSERVE OS REGISTROS QUE O COLEGA FEZ SOBRE A FAMÍLIA DELE, NAS ATIVIDADES **7**, **8** E **11**.

A. COMPLETE A TABELA ABAIXO COM AS INFORMAÇÕES SOBRE A SUA FAMÍLIA E SOBRE A FAMÍLIA DO SEU COLEGA. LEMBRE-SE DE ANOTAR O NOME DELE.

	MINHA FAMÍLIA	FAMÍLIA DE
NÚMERO DE ADULTOS E IDOSOS		
NÚMERO DE CRIANÇAS		
NÚMERO DE ANIMAIS DE ESTIMAÇÃO		
TOTAL DE INTEGRANTES		

B. QUAL DAS DUAS FAMÍLIAS É A MAIS NUMEROSA? E QUAL É A MENOS NUMEROSA?

C. EM QUAL FAMÍLIA HÁ MAIS CRIANÇAS? E EM QUAL FAMÍLIA HÁ MAIS ADULTOS E IDOSOS?

D. AS DUAS FAMÍLIAS TÊM ANIMAIS DE ESTIMAÇÃO?

E. NA OPINIÃO DE VOCÊS, AS FAMÍLIAS COMPARADAS SÃO PARECIDAS OU SÃO DIFERENTES ENTRE SI? CONTEM AOS COLEGAS.

A IMPORTÂNCIA DAS PESSOAS MAIS VELHAS

NAS FAMÍLIAS, AS CRIANÇAS SÃO CUIDADAS PELAS PESSOAS RESPONSÁVEIS POR ELAS. OBSERVE AS FOTOS.

A MULHER DO POVO WAUJÁ ENSINANDO CRIANÇAS A DESCASCAR MANDIOCA, EM GAÚCHA DO NORTE, MATO GROSSO. FOTO DE 2019.

B MULHER ENSINANDO CRIANÇAS CAIÇARAS A CUIDAR DE FILHOTES DE TARTARUGA, NO MUNICÍPIO DE RODRIGUES ALVES, ACRE. FOTO DE 2017.

C HOMEM ENSINANDO CRIANÇAS A PULAR CORDA EM CAMPO GRANDE, MATO GROSSO DO SUL. FOTO DE 2018.

D SENHORA ENSINANDO MENINO A LAVAR VERDURAS, NO MUNICÍPIO DE SÃO PAULO. FOTO DE 2020.

1 FAÇA AS ATIVIDADES A SEGUIR COM A TURMA. USEM AS INFORMAÇÕES DAS FOTOS QUE VOCÊS ACABARAM DE OBSERVAR.

A. OS RESPONSÁVEIS PELAS CRIANÇAS PODEM SER:

☐ BEBÊS
☐ CRIANÇAS
☐ ADULTOS
☐ IDOSOS
☐ ANIMAIS DE ESTIMAÇÃO

B. O QUE AS PESSOAS MAIS VELHAS E AS CRIANÇAS RETRATADAS NAS FOTOS ESTÃO FAZENDO?

C. VOCÊ E AS PESSOAS RESPONSÁVEIS POR VOCÊ COSTUMAM REALIZAR ESSAS ATIVIDADES? COMO?

D. QUAL É A IMPORTÂNCIA DE AS CRIANÇAS DA FOTO **A** APRENDEREM ESSE COSTUME COM A FAMÍLIA DELAS?

E. SERÁ QUE A CRIANÇA DA FOTO **D** PRECISA DO CONHECIMENTO QUE A SENHORA ESTÁ ENSINANDO A ELA? POR QUÊ?

F. VOCÊ ACHA QUE O HOMEM DA FOTO **C** ESTÁ EM UM MOMENTO ALEGRE COM AS CRIANÇAS DA FAMÍLIA DELE? EXPLIQUE.

2 PENSE UM POUCO NAS COISAS QUE OS ADULTOS ENSINARAM A VOCÊ E POR QUE ELAS SÃO IMPORTANTES EM SUA VIDA. DEPOIS, SENTE-SE EM RODA COM OS COLEGAS. CADA UM, NA SUA VEZ, VAI COMPARTILHAR ALGUMA COISA QUE TENHA APRENDIDO COM OS ADULTOS COM QUEM CONVIVE. NA SUA VEZ, LEMBRE-SE DE EXPLICAR AOS COLEGAS COMO FOI ESSE APRENDIZADO.

LUCAS APRENDEU A ANDAR DE BICICLETA COM A AJUDA DO TIO DELE.

AS HISTÓRIAS DOS ADULTOS E IDOSOS

A PRÁTICA DE OS MAIS VELHOS TRANSMITIREM CONHECIMENTOS PARA OS MAIS JOVENS NÃO É COMUM APENAS NAS COMUNIDADES AFRICANAS. EM MUITAS FAMÍLIAS DE OUTRAS COMUNIDADES, PAIS, MÃES, AVÓS E OUTRAS PESSOAS MAIS VELHAS CONTAM HISTÓRIAS DO PASSADO.

O TEXTO A SEGUIR É UMA HISTÓRIA QUE ARTHUR NESTROVSKI OUVIU DE SEU AVÔ. SIGA A LEITURA DO PROFESSOR COM O DEDO.

ARTHUR NESTROVSKI É MÚSICO. ELE ESTÁ ACOMPANHANDO A FILHA LÍVIA, QUE É CANTORA. FOTO DE 2016.

NUM DIA DE SORTE, MEU AVÔ COMPROU UM BILHETE DE LOTERIA E GANHOU O PRIMEIRO PRÊMIO. [...] E SABE O QUE ELE RESOLVEU FAZER? RESOLVEU COMPRAR UM CARRO.

O VÔ FELIPE NUNCA HAVIA DIRIGIDO UM AUTOMÓVEL [...] POIS FOI EM FRENTE E COMPROU. [...] UM AUTOMÓVEL NOVINHO EM FOLHA, RELUZENTE. FOI AQUELA SENSAÇÃO. MINHA AVÓ SAIU PRA VER. MEU PAI, O IRMÃO E A IRMÃ DELE TAMBÉM FICARAM MUITO ORGULHOSOS. NÃO ERA QUALQUER UM QUE COMPRAVA UM CARRO EM 1950. UM CARRO ERA UMA COISA ESPECIAL. [...]

SÓ HAVIA UM PROBLEMA: NINGUÉM SABIA DIRIGIR.

ARTHUR NESTROVSKI. *HISTÓRIAS DE AVÔ E AVÓ*. SÃO PAULO: COMPANHIA DAS LETRINHAS, 1998. P. 24 E 25 (COLEÇÃO MEMÓRIA E HISTÓRIA).

3 A HISTÓRIA CONTADA PELO AVÔ DE ARTHUR NESTROVSKI SE PASSA NO PASSADO OU NO PRESENTE? MARQUE COM UM **X**.

☐ NO PASSADO ☐ NO PRESENTE

4 QUE ELEMENTOS DESSA HISTÓRIA INDICAM QUE ELA OCORREU NO PASSADO? PINTE DE **COR-DE-ROSA** OS QUADRINHOS COM AS FRASES CORRETAS.

- [ ] É UMA HISTÓRIA VIVIDA PELO AVÔ DE ARTHUR.
- [ ] A HISTÓRIA ACONTECEU NO ANO DE 1950.
- [ ] A HISTÓRIA OCORREU NO ANO ATUAL.
- [ ] É UMA HISTÓRIA VIVIDA POR ARTHUR.

5 ATUALMENTE, QUALQUER PESSOA PODE COMPRAR E DIRIGIR UM AUTOMÓVEL? PERGUNTE A UM ADULTO DE SUA FAMÍLIA E COMPARTILHE AS INFORMAÇÕES COM A TURMA.

6 AS PESSOAS MAIS VELHAS VIVERAM VÁRIOS ACONTECIMENTOS ANTES DE VOCÊ NASCER. ELAS TÊM MUITAS HISTÓRIAS PARA CONTAR. SIGA AS ETAPAS LISTADAS E DESCUBRA UMA DESSAS HISTÓRIAS.

- PEÇA A UM ADULTO OU A UM IDOSO DE SUA FAMÍLIA QUE CONTE A VOCÊ UMA HISTÓRIA QUE ACONTECEU ANTES DE VOCÊ NASCER. ANOTE NO QUADRO A SEGUIR O NOME DESSA PESSOA E QUANTO TEMPO FAZ QUE ESSA HISTÓRIA ACONTECEU.

NOME DO ADULTO OU DO IDOSO	
QUANTO TEMPO	

- NO CADERNO, FAÇA UM DESENHO QUE REPRESENTE ESSA HISTÓRIA. DEPOIS RECONTE-A AOS COLEGAS. SE PREFERIR, MOSTRE A ELES O DESENHO QUE VOCÊ FEZ. OUÇA COM ATENÇÃO AS HISTÓRIAS DOS COLEGAS.

APRENDER SEMPRE

1 OBSERVE ESTAS FOTOS:

A ▲ FAMÍLIA DE FELIX MARINHO NO RECIFE, PERNAMBUCO. FOTO DE 1900.

B ▲ FAMÍLIA DO MUNICÍPIO DE MARMELÓPOLIS, MINAS GERAIS. FOTO DE 2019.

A. A FAMÍLIA DA FOTO **A** É FORMADA POR QUANTOS MEMBROS? MARQUE COM UM **X**.

☐ 1   ☐ 2   ☐ 3   ☐ 4   ☐ 5
☐ 6   ☐ 7   ☐ 8   ☐ 9   ☐ 10

B. E A FAMÍLIA DA FOTO **B**?

☐ 1   ☐ 2   ☐ 3   ☐ 4   ☐ 5
☐ 6   ☐ 7   ☐ 8   ☐ 9   ☐ 10

C. CONTORNE AS FOTOS DE ACORDO COM AS CORES INDICADAS.

🟢 PASSADO   🟥 PRESENTE

D. COM A TURMA, DESCREVA AS ROUPAS QUE OS ADULTOS E AS CRIANÇAS ESTÃO USANDO EM CADA FOTO.

E. AGORA, APONTE UMA SEMELHANÇA E UMA DIFERENÇA ENTRE AS DUAS FAMÍLIAS RETRATADAS.

2 O TEXTO A SEGUIR É SOBRE ALGUMAS **LEIS**, ISTO É, REGRAS QUE VALEM PARA TODOS OS BRASILEIROS. ESSAS LEIS EXPLICAM ALGUNS DIREITOS DAS CRIANÇAS BRASILEIRAS. ACOMPANHE A LEITURA DO PROFESSOR.

SABER SER

A **CONVIVÊNCIA** FAMILIAR [...] É UM DIREITO FUNDAMENTAL DE CRIANÇAS E ADOLESCENTES [...]. [...] TODA CRIANÇA E ADOLESCENTE TEM DIREITO A SER CRIADO E EDUCADO POR SUA FAMÍLIA E, NA FALTA DESTA, POR FAMÍLIA SUBSTITUTA.

[...]

QUANDO A FAMÍLIA, AO INVÉS DE PROTEGER A CRIANÇA E O ADOLESCENTE, VIOLA SEUS DIREITOS, UMA DAS MEDIDAS PREVISTAS [...] PARA IMPEDIR A VIOLÊNCIA [...] CONTRA ELES É O **ABRIGAMENTO** EM INSTITUIÇÃO.

CONVIVÊNCIA: ESTAR JUNTO COM FREQUÊNCIA.
ABRIGAMENTO: PROTEÇÃO.

A LEI GARANTE O DIREITO À CONVIVÊNCIA FAMILIAR E COMUNITÁRIA. TURMINHA DO MPF. MINISTÉRIO PÚBLICO FEDERAL. DISPONÍVEL EM: http://www.turminha.mpf.mp.br/explore/direitos-das-criancas/convivencia-familiar-e-comunitaria/a-lei-garante-o-direito-a-convivencia-familiar-e-comunitaria. ACESSO EM: 16 FEV. 2021.

A. ESSE TEXTO TRATA DE QUAIS DIREITOS DAS CRIANÇAS E DOS ADOLESCENTES? MARQUE COM UM **X**.

☐ DO DIREITO DE CONVIVER COM A VIZINHANÇA.

☐ DO DIREITO DE CONVIVER COM A FAMÍLIA.

☐ DO DIREITO DE SER PROTEGIDO CONTRA A VIOLÊNCIA.

B. EM QUAIS SITUAÇÕES A CRIANÇA E O ADOLESCENTE PODEM SER SEPARADOS DA FAMÍLIA? QUAL É SUA OPINIÃO SOBRE ISSO?

C. AS PESSOAS RESPONSÁVEIS PELAS CRIANÇAS PODEM AGIR COM VIOLÊNCIA CONTRA ELAS? POR QUÊ?

Ilustração: Rodrigo Cordeiro/ID/BR. Bola de vôlei: suppersorrry/Shutterstock.com/ID/BR. Carrinho de limpeza: Shutter B Photo/Shutterstock.com/ID/BR. Escola: josepazarro/Shutterstock.com/ID/BR. Maçã: Tim UR/Shutterstock.com/ID/BR.

56

CAPÍTULO 4

AS PESSOAS DA ESCOLA

NA ESCOLA, VOCÊ E SEUS COLEGAS ESTUDAM, BRINCAM E TAMBÉM CONVIVEM COM PESSOAS ADULTAS.

PARA ISSO SER POSSÍVEL, É NECESSÁRIO QUE HAJA UM ESPAÇO ADEQUADO E VÁRIOS PROFISSIONAIS TRABALHANDO NESSE AMBIENTE.

PARA COMEÇO DE CONVERSA

1. QUE PESSOAS APARECEM NESSA ILUSTRAÇÃO? O QUE ELAS FAZEM NA ESCOLA?

2. A ESCOLA ONDE VOCÊ ESTUDA SE PARECE COM A ESCOLA DESSA ILUSTRAÇÃO? COMENTE.

3. VOCÊ JÁ SE DESENTENDEU COM UM COLEGA? COMO RESOLVERAM O DESENTENDIMENTO?

SABER SER

◀ ILUSTRAÇÃO DA HORA DO RECREIO EM UMA ESCOLA DE ENSINO FUNDAMENTAL.

CINQUENTA E SETE 57

A IMPORTÂNCIA DA ESCOLA

ALÉM DE SUA FAMÍLIA, VOCÊ CONVIVE COM OUTRAS PESSOAS, COMO AS QUE VOCÊ CONHECE DA ESCOLA.

AS FOTOS A SEGUIR MOSTRAM PESSOAS DE DUAS ESCOLAS DIFERENTES.

A AULA DE EDUCAÇÃO FÍSICA PARA CRIANÇAS NO MUNICÍPIO DE SÃO PAULO. FOTO DE 1958.

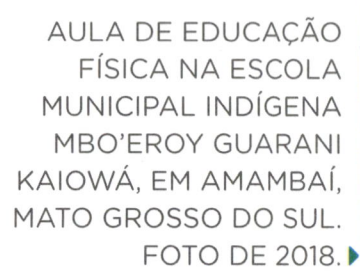

B AULA DE EDUCAÇÃO FÍSICA NA ESCOLA MUNICIPAL INDÍGENA MBO'EROY GUARANI KAIOWÁ, EM AMAMBAÍ, MATO GROSSO DO SUL. FOTO DE 2018.

1. QUE PESSOAS DA ESCOLA FORAM RETRATADAS EM CADA FOTO?

2. QUE DIFERENÇAS VOCÊ IDENTIFICA ENTRE AS DUAS ESCOLAS? E SEMELHANÇAS?

3. A ESCOLA ONDE VOCÊ ESTUDA SE PARECE MAIS COM A ESCOLA DA FOTO **A** OU COM A ESCOLA DA FOTO **B**? POR QUÊ?

ESTATUTO DA CRIANÇA E DO ADOLESCENTE

NA ESCOLA, AS CRIANÇAS APRENDEM MUITAS COISAS, ALÉM DE FAZER NOVOS AMIGOS.

A EDUCAÇÃO É UM DIREITO DE TODAS AS CRIANÇAS, GARANTIDO EM UM CONJUNTO DE LEIS CHAMADO **ESTATUTO DA CRIANÇA E DO ADOLESCENTE** OU **ECA**. O TEXTO A SEGUIR É SOBRE ELE. ACOMPANHE A LEITURA DO PROFESSOR.

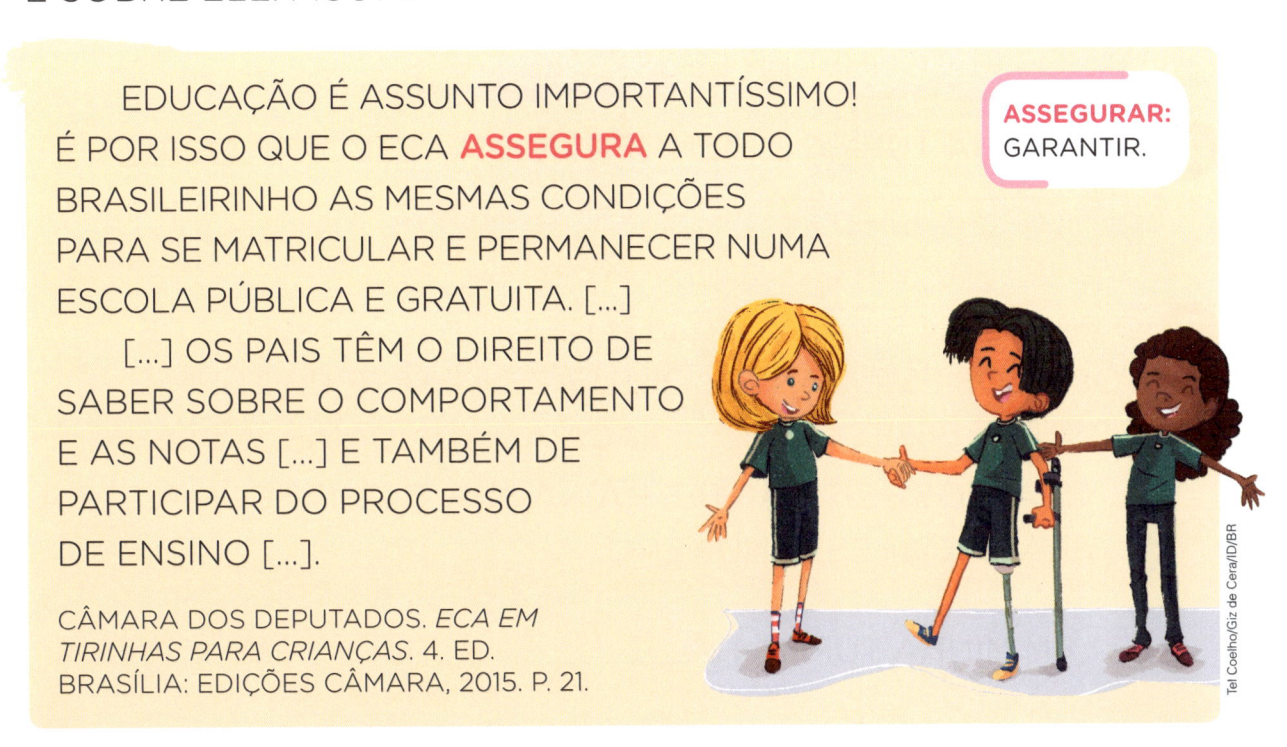

> EDUCAÇÃO É ASSUNTO IMPORTANTÍSSIMO! É POR ISSO QUE O ECA **ASSEGURA** A TODO BRASILEIRINHO AS MESMAS CONDIÇÕES PARA SE MATRICULAR E PERMANECER NUMA ESCOLA PÚBLICA E GRATUITA. [...]
>
> [...] OS PAIS TÊM O DIREITO DE SABER SOBRE O COMPORTAMENTO E AS NOTAS [...] E TAMBÉM DE PARTICIPAR DO PROCESSO DE ENSINO [...].
>
> CÂMARA DOS DEPUTADOS. *ECA EM TIRINHAS PARA CRIANÇAS*. 4. ED. BRASÍLIA: EDIÇÕES CÂMARA, 2015. P. 21.

ASSEGURAR: GARANTIR.

4. DE ACORDO COM O ECA, AS CRIANÇAS BRASILEIRAS PODEM FICAR SEM IR À ESCOLA? POR QUÊ?

5. COM A ORIENTAÇÃO DO PROFESSOR, VOCÊ E OS COLEGAS VÃO FAZER UMA LISTA, NA LOUSA, SOBRE O QUE VOCÊS JÁ APRENDERAM NA ESCOLA.

PARA EXPLORAR

A TURMA DA MÔNICA EM: O ESTATUTO DA CRIANÇA E DO ADOLESCENTE
DISPONÍVEL EM: https://crianca.mppr.mp.br/arquivos/File/publi/turma_da_monica/monica_estatuto.pdf. ACESSO EM: 17 FEV. 2021.

COM A AJUDA DE UM ADULTO, ACOMPANHE A LEITURA DESSA HISTÓRIA EM QUADRINHOS QUE MOSTRA A IMPORTÂNCIA DO ECA.

RECONHECENDO OS COLEGAS

OS ESTUDANTES DA ESCOLA SÃO ORGANIZADOS EM TURMAS, E O MODO COMO AS TURMAS SÃO SEPARADAS VARIA DE ACORDO COM A ESCOLA.

DE MODO GERAL, OS ESTUDANTES PASSAM O ANO COM UMA MESMA TURMA E, ASSIM, CONHECEM OS **COLEGAS** E CONSTROEM AMIZADES.

VAMOS RECONHECER SEUS COLEGAS?

1 COMO SUA TURMA É IDENTIFICADA NA ESCOLA? ANOTE.

2 O PROFESSOR VAI ESCREVER NA LOUSA OS NOMES DE TODOS OS ESTUDANTES QUE FAZEM PARTE DA TURMA. OBSERVE ESSES NOMES E FAÇA AS ATIVIDADES A SEGUIR.

A. QUANTOS ESTUDANTES HÁ NA SUA TURMA? COMPLETE A FRASE COM ESSE NÚMERO.

EM MINHA TURMA HÁ _____ ESTUDANTES.

B. QUANTAS SÃO AS MENINAS? E QUANTOS SÃO OS MENINOS? PREENCHA A TABELA COM ESSES NÚMEROS.

NÚMERO DE MENINAS	NÚMERO DE MENINOS

3 QUANTOS ANOS CADA COLEGA DA TURMA TEM? CADA UM VAI FALAR A PRÓPRIA IDADE E O PROFESSOR VAI ANOTAR NA LOUSA. OBSERVE ESSAS INFORMAÇÕES E RESPONDA: A MAIORIA DA TURMA TEM QUAL IDADE? COMPLETE A FRASE A SEGUIR COM ESSE NÚMERO.

A MAIORIA DOS ESTUDANTES DA TURMA TEM _____ ANOS.

AS AMIZADES

AO LONGO DA VIDA ESCOLAR, CONVIVEMOS COM VÁRIOS COLEGAS. DESSA CONVIVÊNCIA, SURGEM AS AMIZADES. ACOMPANHE A LEITURA DO POEMA A SEGUIR.

MEUS AMIGOS
QUANDO ME DÃO A MÃO
SEMPRE DEIXAM
OUTRA COISA

PRESENÇA
OLHAR
LEMBRANÇA CALOR

MEUS AMIGOS
QUANDO ME DÃO
DEIXAM NA MINHA
A SUA MÃO

PAULO LEMINSKI. MEUS AMIGOS. EM: *TODA POESIA*. SÃO PAULO: COMPANHIA DAS LETRAS, 2013. P. 102.

4 QUEM SÃO SEUS AMIGOS NA ESCOLA? A SEGUIR, ANOTE OS NOMES DELES.

_____

5 PINTE DE **MARROM** OS QUADRINHOS COM AS ATIVIDADES QUE VOCÊS COSTUMAM FAZER JUNTOS.

- [ ] ESTUDAR
- [ ] BRINCAR
- [ ] OUVIR MÚSICA
- [ ] FESTEJAR

• COM A ORIENTAÇÃO DO PROFESSOR, ESCREVA OUTRA ATIVIDADE QUE VOCÊ COSTUMA REALIZAR COM OS AMIGOS DA ESCOLA.

_____

PROFESSORES E FUNCIONÁRIOS

NA ESCOLA, NÃO HÁ APENAS ESTUDANTES. PARA GARANTIR QUE OS ESTUDANTES SE DESENVOLVAM DA MELHOR MANEIRA POSSÍVEL, EXISTEM VÁRIOS ADULTOS QUE TRABALHAM NA ESCOLA.

1 COM A AJUDA DO ADULTO QUE CUIDA DE VOCÊ, ASSOCIE OS PROFISSIONAIS DA ESCOLA QUE FORAM ILUSTRADOS NA PÁGINA 129 ÀS FUNÇÕES DESCRITAS A SEGUIR. PARA ISSO, DESTAQUE E COLE CADA ILUSTRAÇÃO DE ACORDO COM A DESCRIÇÃO A QUE ELA CORRESPONDE.

COZINHEIROS: RESPONSÁVEIS PELA ALIMENTAÇÃO OFERECIDA AOS ESTUDANTES.

PROFESSORES: RESPONSÁVEIS PELO ENSINO DOS ESTUDANTES.

COORDENADORES: RESPONSÁVEIS PELO GRUPO DE PROFESSORES E PELO CONTATO ENTRE A ESCOLA E AS FAMÍLIAS.

SECRETÁRIOS: RESPONSÁVEIS PELA DOCUMENTAÇÃO DA ESCOLA, COMO AS MATRÍCULAS E OS BOLETINS.

DIRETOR: RESPONSÁVEL PELA ORGANIZAÇÃO DE TODA A ESCOLA.

EQUIPE DE LIMPEZA: FORMADA POR PESSOAS RESPONSÁVEIS PELA LIMPEZA DA ESCOLA.

Ilustrações: Tel Coelho/Giz de Cera/ID/BR

2 AGORA, VOCÊ VAI IDENTIFICAR OS PROFESSORES E OS OUTROS FUNCIONÁRIOS DA ESCOLA ONDE VOCÊ ESTUDA.

A. COMPLETE O QUADRO COM OS NOMES E AS FUNÇÕES DOS PROFISSIONAIS DA ESCOLA. SE FALTAR ESPAÇO, COPIE E COMPLETE O QUADRO NO CADERNO.

NOME DO TRABALHADOR	FUNÇÃO

B. ESCOLHA UM DESSES FUNCIONÁRIOS E FAÇA UM DESENHO QUE MOSTRE O TRABALHO QUE ELE REALIZA.

- CONTE À TURMA QUEM VOCÊ DESENHOU E COMO É O TRABALHO DESSA PESSOA.

PESSOAS E LUGARES

BARCOS-ESCOLAS NO AMAZONAS

QUEM DISSE QUE SÓ EXISTE ESCOLA EM TERRA FIRME E APENAS PARA CRIANÇAS?

NA REGIÃO DA FLORESTA AMAZÔNICA, NO NORTE DO BRASIL, HÁ ESCOLAS QUE FUNCIONAM EM GRANDES BARCOS. POR ISSO, ELAS SÃO CHAMADAS DE **BARCOS-ESCOLAS**.

NESSAS ESCOLAS, SÃO OFERECIDOS CURSOS PROFISSIONALIZANTES, ISTO É, CURSOS QUE ENSINAM A JOVENS E ADULTOS AS ATIVIDADES DE UMA PROFISSÃO. PORTANTO, É UMA ESCOLA ONDE OS ESTUDANTES NÃO SÃO MAIS CRIANÇAS.

ESSES BARCOS-ESCOLAS ATENDEM ÀS COMUNIDADES RIBEIRINHAS, QUE SÃO FORMADAS POR FAMÍLIAS QUE VIVEM ÀS MARGENS DOS RIOS. HÁ TAMBÉM ESTUDANTES INDÍGENAS DE DIFERENTES POVOS.

OS CURSOS OFERECIDOS PELOS BARCOS-ESCOLAS SAMAÚMA 1 E SAMAÚMA 2 DURAM CERCA DE 2 ANOS E MEIO. DURANTE ESSE PERÍODO, O BARCO-ESCOLA FICA ANCORADO EM UM PORTO. NA FOTO, SAMAÚMA 2 EM PORTO DE MAZAGÃO, AMAPÁ. FOTO DE 2018.

NOS BARCOS-ESCOLAS, HÁ DIVERSAS SALAS DE AULA E LABORATÓRIOS, ONDE OS ESTUDANTES APRENDEM AS ATIVIDADES DE UMA PROFISSÃO. NA FOTO, ESTUDANTES E PROFESSOR NO LABORATÓRIO DE INFORMÁTICA DO SAMAÚMA 1, EM 2014.

NAS SALAS DE AULA, OS ESTUDANTES ACOMPANHAM AS AULAS TEÓRICAS E, NOS LABORATÓRIOS, AS AULAS PRÁTICAS. NA FOTO, ESTUDANTES E PROFESSOR DO CURSO DE MECÂNICA DO SAMAÚMA 1, EM 2015.

1. QUAL É O FUNCIONÁRIO DA ESCOLA QUE APARECE NAS FOTOS?

2. QUEM SÃO OS ESTUDANTES QUE FREQUENTAM OS BARCOS-ESCOLAS SAMAÚMA 1 E SAMAÚMA 2?

3. EM SUA OPINIÃO, ESSE TIPO DE ESCOLA É IMPORTANTE? POR QUÊ?

4. QUE SEMELHANÇAS E DIFERENÇAS HÁ ENTRE ESSE TIPO DE ESCOLA E A ESCOLA ONDE VOCÊ ESTUDA?

APRENDER SEMPRE

1 O POEMA A SEGUIR É SOBRE A ESCOLA. ACOMPANHE A LEITURA DO PROFESSOR.

> A MAIORIA DAS CRIANÇAS FREQUENTA A ESCOLA.
> [...] ALGUMAS ESTUDAM EM CASA.
> OUTRAS NÃO QUEREM IR PARA A ESCOLA.
> E HÁ AS QUE AINDA SÃO MUITO PEQUENAS PARA IR.
>
> MARY HOFFMAN. *O GRANDE E MARAVILHOSO LIVRO DAS FAMÍLIAS*.
> SÃO PAULO: SM, 2010. P. 14 E 15.

A. ALÉM DE ESTUDAR NA ESCOLA, VOCÊ COSTUMA ESTUDAR EM CASA? MARQUE COM UM **X**.

☐ SIM.   ☐ NÃO.

B. QUANTOS ANOS VOCÊ TINHA QUANDO COMEÇOU A IR À ESCOLA?

ANOTE A IDADE AQUI: ☐

C. VOCÊ CONHECE CRIANÇAS QUE NÃO VÃO À ESCOLA? O QUE VOCÊ PENSA SOBRE ISSO?

SABER SER

D. O QUE VOCÊ DIRIA A UMA CRIANÇA QUE NÃO QUER IR À ESCOLA?

2 ESCOLHA TRÊS PESSOAS QUE CONVIVEM COM VOCÊ NA ESCOLA. DEPOIS, COMPLETE O QUADRO COM O NOME, A FUNÇÃO NA ESCOLA E A FASE DA VIDA DE CADA PESSOA.

	NOME	FUNÇÃO NA ESCOLA	FASE DA VIDA
1.			
2.			
3.			

3 ANTES DE ESTUDAR NESTA ESCOLA, VOCÊ FREQUENTOU OUTRA ESCOLA? EM CASO AFIRMATIVO, CONTE À TURMA:

A. O NOME DA ESCOLA.

B. O NOME DOS PROFESSORES QUE DERAM AULA PARA VOCÊ.

C. O NOME DE ALGUNS COLEGAS.

4 CASO TENHA RESPONDIDO DE MODO NEGATIVO À ATIVIDADE ANTERIOR, CONTE À TURMA: VOCÊ TEM VONTADE DE ESTUDAR EM OUTRA ESCOLA? EXPLIQUE.

5 OBSERVE A FOTO DE UMA SALA DE AULA.

NESSA SALA DE AULA DA ESCOLA MUNICIPAL MANUEL BOMFIM, EM VITÓRIA DA CONQUISTA, BAHIA, A TURMA É FORMADA POR ESTUDANTES DE DIFERENTES ANOS. ESSE TIPO DE TURMA É CHAMADO DE **MULTISSERIADO**.
◀ FOTO DE 2019.

A. NA TURMA DA QUAL VOCÊ FAZ PARTE, TODOS ESTÃO NO MESMO ANO ESCOLAR? MARQUE COM UM **X**.

☐ SIM. ☐ NÃO.

B. EM SUA OPINIÃO, QUAIS SÃO AS VANTAGENS DE CONVIVER COM CRIANÇAS DE IDADES DIFERENTES DA SUA? VOCÊ TEM ESSE COSTUME?

6 VOCÊ CONHECE ALGUM ADULTO QUE FREQUENTA ESCOLA? EM CASO AFIRMATIVO, PERGUNTE A ELE COMO É A ESCOLA ONDE ESTUDA E O QUE ELE APRENDE LÁ. DEPOIS, CONTE AOS COLEGAS.

URSO

CAPÍTULO 5

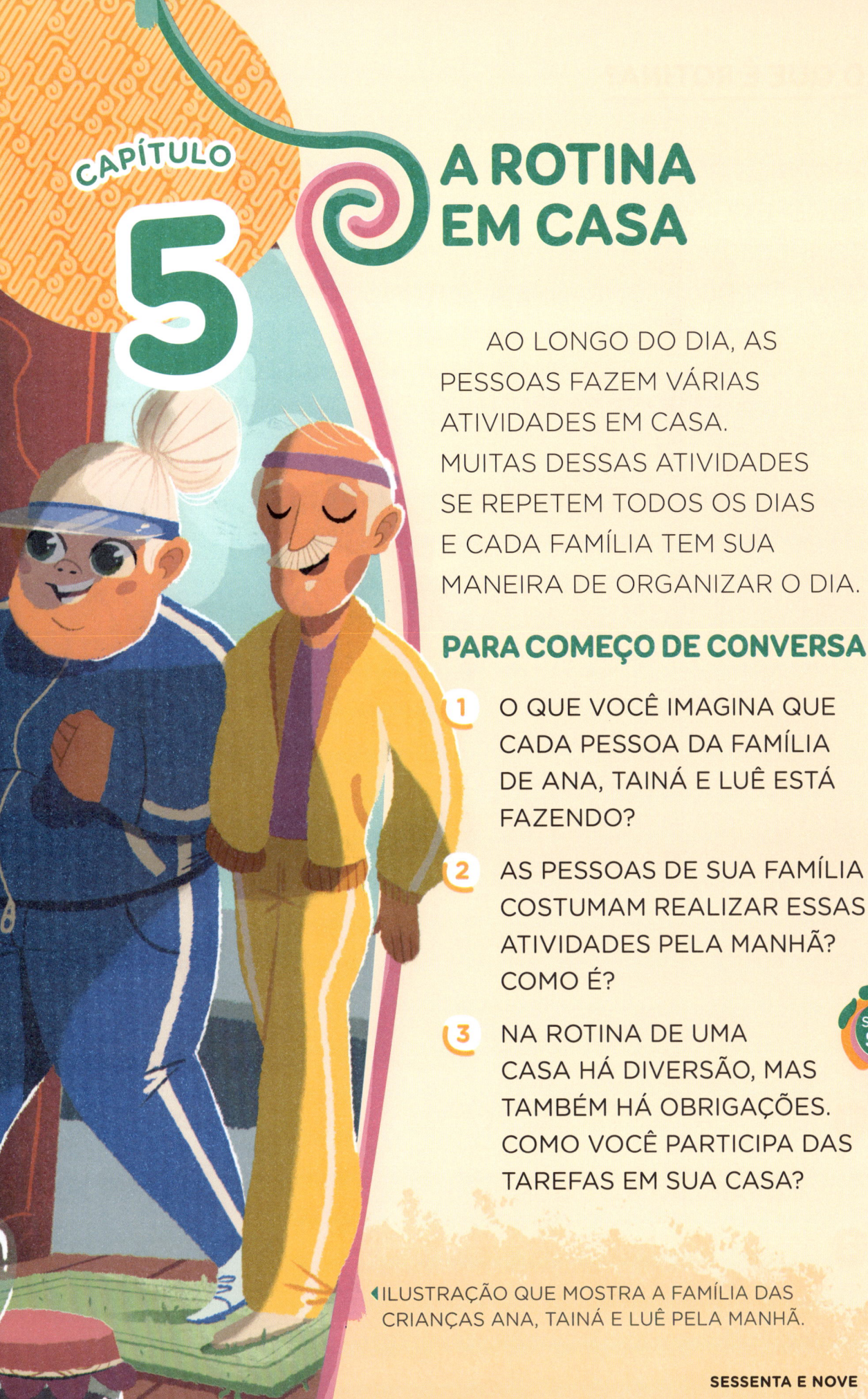

A ROTINA EM CASA

Ao longo do dia, as pessoas fazem várias atividades em casa. Muitas dessas atividades se repetem todos os dias e cada família tem sua maneira de organizar o dia.

PARA COMEÇO DE CONVERSA

1. O que você imagina que cada pessoa da família de Ana, Tainá e Luê está fazendo?

2. As pessoas de sua família costumam realizar essas atividades pela manhã? Como é?

3. Na rotina de uma casa há diversão, mas também há obrigações. Como você participa das tarefas em sua casa?

SABER SER

◀ ILUSTRAÇÃO QUE MOSTRA A FAMÍLIA DAS CRIANÇAS ANA, TAINÁ E LUÊ PELA MANHÃ.

O QUE É ROTINA?

CADA FAMÍLIA, INCLUINDO A SUA FAMÍLIA, TEM JEITOS PRÓPRIOS DE REALIZAR AS ATIVIDADES DO DIA A DIA, COMO AS REFEIÇÕES E A HORA DO BANHO. AGORA, VOCÊ VAI CONHECER ALGUMAS ATIVIDADES DA FAMÍLIA DE MARCELO. COM O DEDO, ACOMPANHE A LEITURA DO PROFESSOR.

TODO MUNDO NA MINHA CASA ACORDA CEDO.

A GENTE TOMA CAFÉ JUNTOS. E A GENTE JANTA TODOS JUNTOS.

MEU PAI NÃO VEM ALMOÇAR EM CASA, PORQUE ELE TRABALHA LONGE. MINHA MÃE VEM TODOS OS DIAS PORQUE ELA TRABALHA MAIS PERTO.

AS CRIANÇAS, DE NOITE, VÃO DORMIR ANTES DOS GRANDES.

SEMPRE MEU PAI ME CONTA UMA HISTÓRIA. [...]

E EU ADORO LIVROS: ACHO QUE É PORQUE MEU PAI E MINHA MÃE VIVEM LENDO.

RUTH ROCHA. *A FAMÍLIA DO MARCELO*. SÃO PAULO: SALAMANDRA, 2012. P. 11-13.

1 A FAMÍLIA DE MARCELO REALIZA AS ATIVIDADES DO DIA A DIA DE UM JEITO PARECIDO COM O JEITO DE SUA FAMÍLIA? EXPLIQUE.

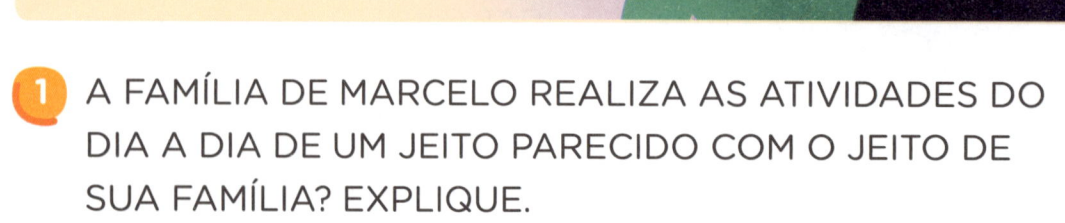

2 ASSIM COMO MARCELO GOSTA DE LIVROS POR CAUSA DOS PAIS DELE, HÁ ALGO DE QUE VOCÊ GOSTE POR INFLUÊNCIA DE SEUS FAMILIARES? CONTE AOS COLEGAS.

COSTUMES DO DIA A DIA

O JEITO COMO CADA FAMÍLIA REALIZA AS ATIVIDADES DO DIA A DIA É CHAMADO DE **COSTUME**. AS ATIVIDADES QUE COSTUMAM SER REALIZADAS AO LONGO DO DIA FAZEM PARTE DA **ROTINA**.

NO TEXTO ANTERIOR, POR EXEMPLO, VOCÊ CONHECEU MARCELO E SOUBE DE ALGUNS COSTUMES DA ROTINA DA FAMÍLIA DELE.

3 CAIO, REGINA E ALICE FIZERAM UMA LISTA DAS ATIVIDADES QUE FAZEM PARTE DA ROTINA DA FAMÍLIA DE MARCELO. MAS ESSAS ATIVIDADES ESTÃO FORA DE ORDEM. POR ISSO, VOCÊ E A TURMA VÃO AJUDÁ-LOS A ORGANIZAR A LISTA, ANOTANDO OS NÚMEROS DE **1** A **7** NOS QUADRINHOS A SEGUIR PARA INDICAR A ORDEM EM QUE AS ATIVIDADES SÃO REALIZADAS AO LONGO DO DIA.

☐ QUASE TODAS AS PESSOAS DA FAMÍLIA ALMOÇAM JUNTAS.

☐ O PAI DE MARCELO LÊ UMA HISTÓRIA PARA ELE.

☐ TODAS AS PESSOAS DA FAMÍLIA PARTICIPAM DO JANTAR.

☐ OS ADULTOS VÃO DORMIR.

☐ AS CRIANÇAS VÃO DORMIR.

☐ A FAMÍLIA TOMA CAFÉ DA MANHÃ.

☐ A FAMÍLIA ACORDA CEDO.

MANHÃ, TARDE E NOITE

HÁ ATIVIDADES QUE SÃO REALIZADAS PELA **MANHÃ**. ALGUMAS ATIVIDADES SÃO REALIZADAS À **TARDE** E OUTRAS SÃO REALIZADAS À **NOITE**. CADA PESSOA DA FAMÍLIA TEM UMA ROTINA NESSES PERÍODOS DO DIA.

E VOCÊ, JÁ OBSERVOU ESSES PERÍODOS DO DIA?

1 VOCÊ E UM COLEGA VÃO ACOMPANHAR NOVAMENTE A LEITURA QUE O PROFESSOR VAI FAZER DO TEXTO SOBRE A ROTINA DA FAMÍLIA DE MARCELO. DEPOIS, CONTORNEM NESSE TEXTO AS ATIVIDADES DA ROTINA DA FAMÍLIA DE MARCELO DE ACORDO COM A LEGENDA:

■ ATIVIDADES DO PERÍODO DA MANHÃ.

■ ATIVIDADES DO PERÍODO DA TARDE.

■ ATIVIDADES DO PERÍODO DA NOITE.

2 AGORA, PENSE EM COMO É SEU DIA A DIA COM A FAMÍLIA. ESCOLHA UM COSTUME DE SUA FAMÍLIA DE QUE VOCÊ GOSTE MUITO. NO CADERNO, FAÇA UM DESENHO QUE REPRESENTE ESSE COSTUME. DEPOIS, ANOTE O PERÍODO DO DIA EM QUE ELE COSTUMA SER PRATICADO.

3 VOCÊ RECONHECE O APARELHO A SEGUIR? ELE É USADO PARA MARCAR O TEMPO AO LONGO DO DIA. ELE TAMBÉM É MUITO ÚTIL PARA SABERMOS QUANDO DEVEMOS REALIZAR NOSSAS ATIVIDADES. DESEMBARALHE AS SÍLABAS E ESCREVA O NOME DESSE APARELHO.

| LÓ | GI | O | RE |

REGISTROS

A ALIMENTAÇÃO

CADA COMUNIDADE, EM SUA ÉPOCA, TEM SEUS COSTUMES NA HORA DE SE ALIMENTAR. POR EXEMPLO, MUITOS PRATICANTES DA RELIGIÃO BUDISTA NÃO SE ALIMENTAM DE CARNE, ISTO É, ELES SÃO VEGETARIANOS.

AO LONGO DO DIA, FAZEMOS VÁRIAS REFEIÇÕES. OS PERÍODOS DO DIA EM QUE AS REFEIÇÕES OCORREM, ASSIM COMO OS NOMES DELAS E OS DOS ALIMENTOS QUE AS COMPÕEM, VARIAM DE ACORDO COM A FAMÍLIA E A COMUNIDADE DELA.

1 COM A ORIENTAÇÃO DO PROFESSOR, ANOTE OS NOMES DAS REFEIÇÕES QUE VOCÊ FAZ E O PERÍODO DO DIA EM QUE COSTUMA REALIZÁ-LAS. ANOTE TAMBÉM OS NOMES DE QUEM ACOMPANHA VOCÊ EM CADA REFEIÇÃO.

NOME DA REFEIÇÃO	PERÍODO DO DIA	PESSOAS QUE ACOMPANHAM VOCÊ

2 QUAIS SÃO OS ALIMENTOS DE QUE VOCÊ MAIS GOSTA? VOCÊ TEM O COSTUME DE COMER FRUTAS, VERDURAS E LEGUMES? QUAIS SÃO SEUS FAVORITOS?

SABER SER

UMA ROTINA DO PASSADO

NOS CAPÍTULOS ANTERIORES, VOCÊ CONHECEU ALGUNS ASPECTOS DA VIDA DE DOM PEDRO II. ELE GOVERNOU O BRASIL NO PASSADO. QUANDO ELE SE TORNOU IMPERADOR, ELE TINHA APENAS 14 ANOS.

VOCÊ IMAGINA COMO ERA A ROTINA DE D. PEDRO II NA INFÂNCIA? OS QUADRINHOS A SEGUIR RETRATAM ALGUMAS ATIVIDADES DIÁRIAS QUE ELE REALIZAVA NESSA FASE DA VIDA. ACOMPANHE A LEITURA DO PROFESSOR.

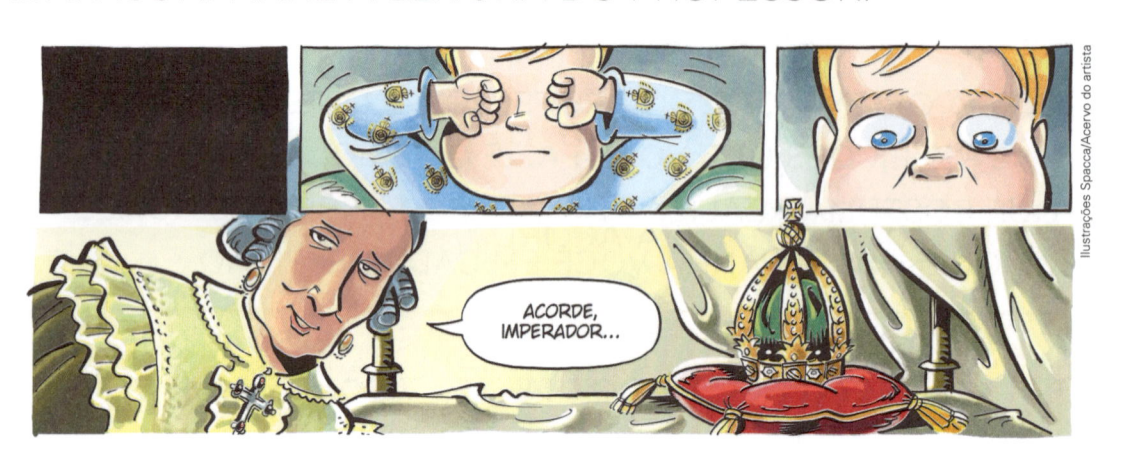

ACORDE, IMPERADOR...

Só encontrava as irmãs depois do almoço, por uma hora.

No restante do tempo, permanecia com os criados, que tinham permissão de dirigir-lhe a palavra apenas quando interrogados.

SUA MAJESTADE IMPERIAL ACORDA ÀS 7H, ALMOÇA ÀS 8H, DESCANSA ÀS 9H, TEM AULAS ATÉ AS 11H 30 MIN, PASSEIA ATÉ AS 13H 30 MIN, JANTA ÀS 14H, EM PONTO (COM O MÉDICO E O CAMAREIRO-MOR), PASSEIA ATÉ AS 17H, BANHA-SE ÀS 18H 30 MIN, CEIA ÀS 20H E DORME ÀS 22H

LILIA MORITZ SCHWARCZ E SPACCA. *AS BARBAS DO IMPERADOR*. SÃO PAULO: COMPANHIA DAS LETRAS, 2013. P. 11 E 13 (ADAPTADO).

Ilustrações Spacca/Acervo do artista

1. A QUE HORAS DOM PEDRO II ACORDAVA?
2. QUE ATIVIDADES ELE FAZIA PELA MANHÃ?
3. ATUALMENTE, ESSAS ATIVIDADES SÃO COMUNS NESSE PERÍODO DO DIA? EXPLIQUE.

O PERÍODO DA MANHÃ

GERALMENTE, É NESSE PERÍODO DO DIA QUE AS PESSOAS DA FAMÍLIA LEVANTAM. ALGUMAS CRIANÇAS ESTUDAM NO PERÍODO DA MANHÃ. ELAS SE LEVANTAM CEDO PARA CHEGAR À ESCOLA NO HORÁRIO. OUTRAS CRIANÇAS ESTUDAM À TARDE E FAZEM A LIÇÃO DE CASA NO PERÍODO DA MANHÃ.

4 AGORA, VOCÊ VAI CONTAR COMO É SUA ROTINA DE MANHÃ. COM A AJUDA DE UMA PESSOA DE SUA FAMÍLIA, PREENCHA A FICHA A SEGUIR.

A. VOCÊ COSTUMA ACORDAR EM QUE HORÁRIO?

_____

B. QUEM COSTUMA ACORDAR COM VOCÊ?

_____

C. QUE ATIVIDADES VOCÊ REALIZA PELA MANHÃ? PINTE OS QUADRINHOS DE **AMARELO** E ESCREVA OUTRAS ATIVIDADES, SE HOUVER.

- ☐ IR À ESCOLA.
- ☐ TOMAR BANHO.
- ☐ BRINCAR.
- ☐ FAZER A LIÇÃO DE CASA.
- ☐ CUIDAR DO ANIMAL DE ESTIMAÇÃO.

- OUTRAS ATIVIDADES: _____

5 TROQUE DE LIVRO COM UM COLEGA. DEPOIS, COMPARE SUA FICHA COM A FICHA DELE. VOCÊS TÊM ROTINAS PARECIDAS DE MANHÃ?

O PERÍODO DA TARDE

NESSE PERÍODO, AS CRIANÇAS QUE ESTUDAM PELA MANHÃ COSTUMAM IR PARA CASA. LÁ, ELAS ALMOÇAM, FAZEM A LIÇÃO DE CASA, BRINCAM, DESCANSAM, ETC.

MAS MUITAS CRIANÇAS ESTUDAM À TARDE. HÁ CRIANÇAS QUE ALMOÇAM EM CASA ANTES DE IR À ESCOLA. JÁ ALGUMAS CRIANÇAS FAZEM ESSA REFEIÇÃO NA PRÓPRIA ESCOLA, COM OS COLEGAS DE TURMA.

CONHEÇA COMO SÃO AS TARDES DA FAMÍLIA DE NDALU, UM MENINO QUE VIVE EM **ANGOLA**. ACOMPANHE A LEITURA DO PROFESSOR.

ANGOLA: PAÍS QUE FICA NA ÁFRICA.

ASSIM JÁ ERA HORA DO ALMOÇO. AS MINHAS IRMÃS CHEGAVAM DA ESCOLA, O MEU PAI TAMBÉM CHEGAVA. A CASA FICAVA MAIS BARULHENTA, [...] A MINHA IRMÃ CAÇULA [...] QUERIA CONTAR TUDO O QUE TINHA PASSADO NA ESCOLA NESSA MANHÃ [...].

[...]

DEPOIS DO ALMOÇO, OS "FELIZARDOS" – COMO DIZIA MINHA MÃE – IAM DORMIR A **SESTA**. EU E ELA TÍNHAMOS AULAS À TARDE, ELA PORQUE ERA PROFESSORA E EU PORQUE ERA ALUNO.

SESTA: DESCANSO APÓS O ALMOÇO; SONECA.

ONDJAKI. *BOM DIA, CAMARADAS*. SÃO PAULO: COMPANHIA DAS LETRAS, 2014. P. 23-25.

1 PINTE DE LARANJA OS QUADROS COM AS PALAVRAS QUE COMPLETAM CORRETAMENTE AS FRASES.

A. AS IRMÃS DE NDALU ESTUDAVAM NO PERÍODO DA _____.

| MANHÃ | TARDE | NOITE |

B. NDALU ESTUDAVA NO PERÍODO DA _____.

| MANHÃ | TARDE | NOITE |

2 SOBRE O COSTUME DA SESTA, RESPONDA ÀS QUESTÕES COM A TURMA.

A. EM SUA OPINIÃO, POR QUE A MÃE DE NDALU CHAMAVA DE "FELIZARDOS" OS QUE FAZIAM A SESTA?

B. POR QUE NDALU E A MÃE NÃO PODIAM FAZER A SESTA?

C. VOCÊ E SUA FAMÍLIA TÊM ESSE COSTUME? EXPLIQUE.

3 VAMOS SABER COMO É SUA ROTINA À TARDE? COM A AJUDA DE UM ADULTO DE SUA FAMÍLIA, PINTE DE **AZUL** AS ATIVIDADES QUE VOCÊ COSTUMA REALIZAR NESSE PERÍODO. ANOTE OUTRAS ATIVIDADES, SE HOUVER.

☐ IR À ESCOLA.
☐ TOMAR BANHO.
☐ BRINCAR.
☐ FAZER A LIÇÃO DE CASA.
☐ VER TELEVISÃO.

☐ CUIDAR DO ANIMAL DE ESTIMAÇÃO.

- OUTRAS ATIVIDADES: _____

4 COM A ORIENTAÇÃO DO PROFESSOR, COMPARE SUA ROTINA NO PERÍODO DA TARDE COM A ROTINA DOS COLEGAS E RESPONDA: AS ROTINAS DE VOCÊS SÃO SEMELHANTES OU SÃO DIFERENTES?

BOA NOITE!

CADA FAMÍLIA TEM UMA ROTINA À NOITE. CONHEÇA A ROTINA DAS FAMÍLIAS DO POVO INDÍGENA YAWALAPITI. ELAS MORAM NO PARQUE INDÍGENA DO XINGU, EM MATO GROSSO.

NO **CREPÚSCULO**, AS FAMÍLIAS COSTUMAM FICAR NAS PORTAS DAS CASAS, [...] EM ATIVIDADES COMO [...] CATAR PIOLHO E PENTEAR OS CABELOS. OS JOVENS SE PINTAM E SE ENFEITAM. OS HOMENS MAIS VELHOS DIRIGEM-SE AO CENTRO [...] DA ALDEIA [...]. ÀS 19 H TODOS COMEÇAM A SE RECOLHER, E AS FAMÍLIAS [...] SE REÚNEM EM VOLTA DE SEUS RESPECTIVOS FOGOS, ADORMECENDO POR VOLTA DAS 22 H.

CREPÚSCULO: FIM DA TARDE.

YAWALAPITI. POVOS INDÍGENAS NO BRASIL. INSTITUTO SOCIOAMBIENTAL (ISA). DISPONÍVEL EM: https://pib.socioambiental.org/pt/Povo:Yawalapiti. ACESSO EM: 8 MAR. 2021.

CRIANÇAS YAWALAPITI EM FIM DE TARDE NA ALDEIA TUATUARI, EM GAÚCHA DO NORTE, MATO GROSSO. FOTO DE 2016.

1 MARQUE COM UM **X** AS ATIVIDADES QUE OS YAWALAPITI COSTUMAM FAZER DO FIM DA TARDE ATÉ A NOITE.

- ☐ FICAR NAS PORTAS DAS CASAS.
- ☐ TOMAR LEITE.
- ☐ CATAR PIOLHO.
- ☐ PENTEAR OS CABELOS.
- ☐ RECOLHER OS BRINQUEDOS.
- ☐ REUNIR-SE NO CENTRO DA ALDEIA.
- ☐ PINTAR-SE E ENFEITAR-SE.
- ☐ VER TELEVISÃO.
- ☐ REUNIR-SE EM VOLTA DO FOGO.
- ☐ SAIR PARA PESCAR.

2 E COMO É A ROTINA DE SUA FAMÍLIA À NOITE? COMPLETE A FICHA A SEGUIR COM A AJUDA DE UMA PESSOA MAIS VELHA DE SUA FAMÍLIA.

A. VOCÊ COSTUMA DORMIR EM QUE HORÁRIO?

_____

B. QUAIS SÃO AS PESSOAS DE SUA FAMÍLIA QUE ESTÃO EM CASA NESSE PERÍODO DO DIA?

_____

_____

C. QUE ATIVIDADES VOCÊ COSTUMA REALIZAR À NOITE? PINTE OS QUADRINHOS DE **PRETO** E ANOTE OUTRAS ATIVIDADES, SE HOUVER.

☐ TOMAR BANHO.

☐ BRINCAR.

☐ FAZER A LIÇÃO DE CASA.

☐ CUIDAR DO ANIMAL DE ESTIMAÇÃO.

☐ VER TELEVISÃO.

☐ DORMIR.

• OUTRAS ATIVIDADES:

_____

_____

_____

3 A ROTINA DE SUA FAMÍLIA É SEMELHANTE OU É DIFERENTE DA ROTINA DAS FAMÍLIAS YAWALAPITI? EXPLIQUE AOS COLEGAS.

4 COM A ORIENTAÇÃO DO PROFESSOR, COMPARE SUA ROTINA NO PERÍODO DA NOITE COM A ROTINA DOS COLEGAS E RESPONDA: À NOITE, VOCÊS TÊM UMA ROTINA PARECIDA OU DIFERENTE?

APRENDER SEMPRE

1 CADA MEMBRO OU PESSOA DA FAMÍLIA TEM UMA ROTINA. ESCOLHA UMA PESSOA DE SUA FAMÍLIA E DESCUBRA O QUE ELA FAZ ENQUANTO VOCÊ ESTÁ NA ESCOLA. COM A AJUDA DE UM ADULTO, DESTAQUE A FICHA DA PÁGINA 133. NELA, VOCÊ VAI ANOTAR O NOME DESSE FAMILIAR E FAZER UM DESENHO QUE REPRESENTE ESSE COSTUME DA ROTINA DELE. NA DATA COMBINADA, MOSTRE AOS COLEGAS OS REGISTROS QUE VOCÊ FEZ.

2 OBSERVE AS IMAGENS ABAIXO E LIGUE CADA IMAGEM AO PERÍODO DO DIA QUE ELA REPRESENTA.

MANHÃ	TARDE	NOITE

VINCENT VAN GOGH. *AVENIDA DOS ÁLAMOS NO OUTONO*, 1884. ÓLEO SOBRE TELA.

PIETRO CHIESA. *MANHÃ DE VERÃO*, 1890. ÓLEO SOBRE PAINEL.

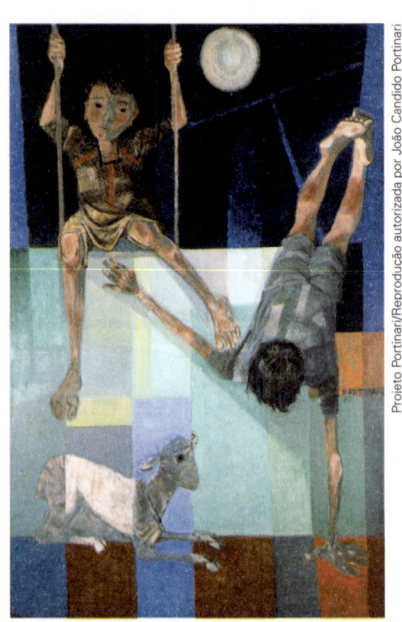

CANDIDO PORTINARI. *MENINOS COM CARNEIRO*, 1959. ÓLEO SOBRE MADEIRA.

3 A TIRA ABAIXO MOSTRA UMA SITUAÇÃO NA ROTINA DE CALVIN E DA MÃE DELE. ACOMPANHE A LEITURA QUE O PROFESSOR VAI FAZER.

SABER SER

BILL WATTERSON. *O MUNDO É MÁGICO*: AS AVENTURAS DE CALVIN & HAROLDO. SÃO PAULO: CONRAD, 2007. P. 105.

A. SOBRE OS PERÍODOS DO DIA, PINTE DE **VERMELHO** OS QUADRINHOS DAS RESPOSTAS CORRETAS.

- EM QUE PERÍODO DO DIA CALVIN PROVAVELMENTE ESTUDA?

  ☐ MANHÃ   ☐ TARDE   ☐ NOITE

- É O MESMO PERÍODO EM QUE A TIRA SE PASSA?

  ☐ SIM.   ☐ NÃO.

B. QUE SITUAÇÃO DO DIA FOI RETRATADA NA TIRA?

C. VOCÊ CONCORDA COM A ATITUDE DE CALVIN NO ÚLTIMO QUADRINHO? COMENTE.

D. NO QUADRO AO LADO, CRIE UM FINAL DIFERENTE PARA ESSA TIRA. NELE, CALVIN DEVE TER UMA ATITUDE QUE NÃO PREJUDIQUE A ROTINA DELE NEM A DA MÃE.

ROTINA DO DIA:

- RODA DE CONVERSA
- JOGO DOS NÚMEROS
- ARTE
- RECREIO
- HORA DA HISTÓRIA
- PROJETO: BRINCADEIRAS
- SAÍDA

DIA

CAPÍTULO 6

A ROTINA NA ESCOLA

AS PESSOAS DA ESCOLA TAMBÉM ORGANIZAM AS ATIVIDADES DO DIA A DIA.

PARA COMEÇO DE CONVERSA

1. O QUE ESTÁ ESCRITO NA LOUSA DESSA SALA DE AULA? PARA QUE SERVIRIA ESSA LISTA?

2. NA ESCOLA ONDE VOCÊ ESTUDA, HÁ ATIVIDADES QUE OCORREM TODOS OS DIAS? E ATIVIDADES QUE OCORREM EM APENAS ALGUNS DIAS? COMO É ISSO?

3. EM SUA OPINIÃO, COMO OS ESTUDANTES PODEM COLABORAR PARA QUE A ROTINA DA ESCOLA SEJA CUMPRIDA DE MANEIRA ADEQUADA?

SABER SER

◀ FOTO DE SALA DE AULA NA ESCOLA MUNICIPAL DE ENSINO FUNDAMENTAL PLURIDOCENTE JIBOIA, NO MUNICÍPIO DE PRESIDENTE KENNEDY, ESPÍRITO SANTO, EM 2019. O CONTEÚDO NA LOUSA É UMA ILUSTRAÇÃO.

OS DIAS DE IR À ESCOLA

ASSIM COMO AS FAMÍLIAS SEGUEM UMA ROTINA EM CASA, OS ESTUDANTES, OS PROFESSORES E OS FUNCIONÁRIOS TAMBÉM TÊM UMA ROTINA NA ESCOLA.

OBSERVE ESTAS FOTOS:

A ▲ ESTUDANTES TUPINIQUINS EM SALA DE AULA DE ESCOLA INDÍGENA EM ARACRUZ, ESPÍRITO SANTO. FOTO DE 2019.

B ▲ ESTUDANTES DA COMUNIDADE RIBEIRINHA DE SÃO PEDRO, NA ESCOLA MUNICIPAL SÃO TOMÉ, EM SANTARÉM, PARÁ. FOTO DE 2017.

C ▲ ESTUDANTES DA ESCOLA ESTADUAL ALFREDO PAULINO, NO MUNICÍPIO DE SÃO PAULO. FOTO DE 2017.

D ▲ ESTUDANTES DO INSTITUTO FEDERAL DO MATO GROSSO, EM BARRA DO GARÇAS. FOTO DE 2018.

1 QUE SITUAÇÃO FOI RETRATADA EM CADA FOTO?

2 ESSAS SITUAÇÕES FAZEM PARTE DE SEU DIA A DIA NA ESCOLA? EM CASO AFIRMATIVO, DIGA QUANDO ELAS COSTUMAM OCORRER.

OS NOMES DOS DIAS

A SEMANA TEM SETE DIAS, QUE SÃO CHAMADOS DE: **DOMINGO**, **SEGUNDA-FEIRA**, **TERÇA-FEIRA**, **QUARTA-FEIRA**, **QUINTA-FEIRA**, **SEXTA-FEIRA** E **SÁBADO**.

O SÁBADO E O DOMINGO GERALMENTE SÃO DIAS DE DESCANSO, ENQUANTO OS DEMAIS DIAS SÃO CHAMADOS DE **DIAS ÚTEIS**. PORÉM, HÁ PESSOAS QUE TRABALHAM OU QUE ESTUDAM TAMBÉM NOS SÁBADOS E DOMINGOS.

3 EM QUE DIAS DA SEMANA VOCÊ COSTUMA IR À ESCOLA? COM A AJUDA DO PROFESSOR, DESTAQUE, DA PÁGINA 133, OS NOMES DESSES DIAS DA SEMANA E COLE-OS NO QUADRO.

4 NOS DIAS EM QUE VOCÊ NÃO VAI À ESCOLA, COMO É SUA ROTINA? COM A AJUDA DO PROFESSOR, ESCREVA NO CADERNO OS NOMES DOS DIAS EM QUE VOCÊ NÃO VAI À ESCOLA E AS ATIVIDADES QUE VOCÊ COSTUMA REALIZAR NESSES DIAS.

ANTES DE SAIR DE CASA

UMA PARTE DE SUA ROTINA NOS DIAS ÚTEIS É SE PREPARAR PARA IR À ESCOLA. MUITAS CRIANÇAS REALIZAM ATIVIDADES SEMELHANTES ANTES DE SAIR DE CASA.

O TEXTO A SEGUIR É RESULTADO DE UMA PESQUISA SOBRE ESSAS ATIVIDADES. OUÇA A LEITURA DO PROFESSOR.

> [...] NA PREPARAÇÃO PARA IR À ESCOLA [...], AS CRIANÇAS REALIZARAM AS MESMAS ATIVIDADES: ACORDAR, TOMAR BANHO, ESCOVAR DENTES, VESTIR A ROUPA, CALÇAR SAPATOS, PREPARAR/SERVIR A REFEIÇÃO, ALIMENTAÇÃO E ORGANIZAR O MATERIAL ESCOLAR.
>
> MAUREANNA CARDOSO ALVÃO E LÍLIA IÊDA CHAVES CAVALCANTE. TRANSIÇÕES COTIDIANAS ENTRE A FAMÍLIA E A ESCOLA: ATIVIDADES E RELAÇÕES DE CRIANÇAS NESSES CONTEXTOS ECOLÓGICOS. *ESTUDOS E PESQUISAS EM PSICOLOGIA*, 2015. DISPONÍVEL EM: https://www.redalyc.org/pdf/4518/451844504011.pdf. ACESSO EM: 18 FEV. 2021.

1 CONTORNE DE **ROXO** AS ATIVIDADES CITADAS NO TEXTO QUE VOCÊ COSTUMA REALIZAR ANTES DE IR À ESCOLA.

2 EM SUA OPINIÃO, QUAL É A IMPORTÂNCIA DE REALIZAR ESSAS ATIVIDADES?

3 QUE PESSOA DE SUA FAMÍLIA ACOMPANHA VOCÊ DURANTE A REALIZAÇÃO DESSAS ATIVIDADES?

_____

_____

4 CONVERSEM SOBRE OUTRAS ATIVIDADES QUE VOCÊS COSTUMAM REALIZAR ANTES DE IR À ESCOLA.

- A ROTINA DE VOCÊS É PARECIDA OU É DIFERENTE? PINTEM DE **AMARELO** O QUADRINHO COM A RESPOSTA.

☐ É PARECIDA.   ☐ É DIFERENTE.

A CAMINHO DA ESCOLA

NO BRASIL DO PASSADO, APENAS AS CRIANÇAS DE FAMÍLIAS RICAS ESTUDAVAM. ELAS NÃO SAÍAM DE CASA PARA TER AULAS. ERAM OS PROFESSORES QUE IAM ÀS CASAS DELAS. HOJE, HÁ MUITOS MEIOS DE IR À ESCOLA: A PÉ, DE CARRO, A CAVALO, DE ÔNIBUS ESCOLAR, ETC.

SEJA QUAL FOR O MEIO UTILIZADO, É IMPORTANTE ESTAR ATENTO À SUA SEGURANÇA E SEGUIR AS ORIENTAÇÕES DA PESSOA RESPONSÁVEL POR VOCÊ NO TRAJETO.

POR EXEMPLO, EM VÁRIOS MUNICÍPIOS DO BRASIL, A BICICLETA É UM IMPORTANTE MEIO DE TRANSPORTE PARA ADULTOS E CRIANÇAS. OBSERVE A FOTO.

AO ANDAR DE BICICLETA, É IMPORTANTE ESTAR ACOMPANHADO PELO ADULTO RESPONSÁVEL E SEGUIR AS ORIENTAÇÕES DELE, ALÉM DE USAR CAPACETE E FICAR ATENTO AOS OUTROS VEÍCULOS. FOTO DO MUNICÍPIO DE SÃO PAULO, EM 2020.

5 COM A AJUDA DO ADULTO QUE CUIDA DE VOCÊ, RESPONDA ÀS QUESTÕES A SEGUIR.

A. COMO VOCÊ VAI À ESCOLA?

B. QUEM É A PESSOA QUE LEVA VOCÊ À ESCOLA?

C. NO CAMINHO, QUE ATITUDES VOCÊ PRECISA TER PARA GARANTIR SUA SEGURANÇA?

A HORA DA ENTRADA

NA ESCOLA, TUDO COMEÇA COM A HORA DA ENTRADA. NESSE MOMENTO, É POSSÍVEL ENCONTRAR ALGUNS FUNCIONÁRIOS DA ESCOLA E OS COLEGAS.

POR EXEMPLO, NA ESCOLA MUNICIPAL SÉRVULO THIAGO DE SANTANA, EM ITAPARICA, BAHIA, HÁ TURMAS QUE ENTRAM NO PERÍODO DA MANHÃ E TURMAS QUE ENTRAM NO PERÍODO DA TARDE. MUITOS DOS ESTUDANTES MORAM LONGE DESSA ESCOLA E PRECISAM SAIR DE CASA CERCA DE UMA HORA ANTES DO HORÁRIO DA ENTRADA.

ENTRADA DE ESTUDANTES NA ESCOLA MUNICIPAL SÉRVULO THIAGO DE SANTANA, EM ITAPARICA, BAHIA. FOTO DE 2019.

1. COMPLETE AS FRASES A SEGUIR COM INFORMAÇÕES SOBRE A HORA DA ENTRADA NA ESCOLA ONDE VOCÊ ESTUDA.

A. O HORÁRIO DA ENTRADA DA MINHA TURMA É ÀS _____.

B. NA ENTRADA DA ESCOLA, SOU RECEBIDO POR _____.

2. OBSERVE A FOTO DA HORA DA ENTRADA NESSA ESCOLA DE ITAPARICA, BAHIA. QUANDO VOCÊ CHEGA À ESCOLA ONDE ESTUDA, O MOMENTO DA ENTRADA É PARECIDO OU É DIFERENTE DO QUE É MOSTRADO NA FOTO?

O PRIMEIRO DIA DE AULA

UMA DAS PRINCIPAIS SITUAÇÕES QUE MUITAS PESSOAS GUARDAM NA **MEMÓRIA** É O PRIMEIRO DIA DE AULA. NESSE DIA, CONHECEMOS A ESCOLA, AS PESSOAS QUE TRABALHAM NELA, OS COLEGAS E A ROTINA QUE VAI SER SEGUIDA. ACOMPANHE A LEITURA DO RELATO DE RODRIGO.

> [...] LEMBRO-ME DO MEU PRIMEIRO DIA DE AULA [...] EM QUE ESTÁVAMOS PARADOS EM FILA, PRONTOS PARA RECEBER A PROFESSORA E ENTRAR NA SALA DE AULA [...]. PARA MIM TUDO ERA NOVO E AO MESMO TEMPO GRANDE: A SALA COM O TETO ALTO E DIVERSOS OBJETOS [...]; UM PÁTIO GIGANTESCO E UM AMBIENTE [...] BASTANTE NOVO PARA MIM [...]. ENTRETANTO, BASTARAM ALGUMAS POUCAS SEMANAS PARA ME ADAPTAR.
>
> RODRIGO MARQUES VIDAL. EM: *MEMÓRIAS ANCHIETANAS*. PORTO ALEGRE: CLEMENTE DESIGN, 2015. P. 205. DISPONÍVEL EM: http://www.colegioanchieta.g12.br/wp-content/uploads/ebook2016/epub_anchieta.pdf. ACESSO EM: 18 FEV. 2021.

3 EM SUA OPINIÃO, QUAIS FORAM AS IMPRESSÕES QUE RODRIGO TEVE EM SEU PRIMEIRO DIA DE AULA?

4 COMO FOI SEU PRIMEIRO DIA DE AULA NA ESCOLA ONDE VOCÊ ESTUDA? FAÇA COMO RODRIGO E COMPARTILHE COM A TURMA SUAS LEMBRANÇAS DESSE DIA. PARA ISSO, SIGA AS ETAPAS PROPOSTAS.

- CONTE À TURMA QUAIS ERAM SUAS EXPECTATIVAS SOBRE A ESCOLA, COMO VOCÊ SE PREPAROU PARA ESSE DIA E QUEM LEVOU VOCÊ À ESCOLA.
- DIGA QUEM FORAM OS PRIMEIROS FUNCIONÁRIOS DA ESCOLA COM QUEM VOCÊ FALOU E TAMBÉM QUAIS FORAM OS COLEGAS COM QUEM FEZ AMIZADE.
- COMENTE SUAS IMPRESSÕES SOBRE O PRÉDIO DA ESCOLA E A ROTINA SEGUIDA NO PRIMEIRO DIA DE AULA.

OS ESPAÇOS DA ESCOLA

DURANTE O PERÍODO DE AULA, VÁRIAS ATIVIDADES SÃO REALIZADAS NA SALA DE AULA E EM OUTROS ESPAÇOS DA ESCOLA, COMO O PÁTIO E A QUADRA DE ESPORTES.

OBSERVE A ILUSTRAÇÃO.

1 QUE ESPAÇO DA ESCOLA ESTÁ REPRESENTADO NESSA IMAGEM? PINTE DE **AZUL** O QUADRINHO COM A RESPOSTA.

☐ CANTINA ☐ COZINHA

☐ QUADRA DE ESPORTES ☐ BANHEIRO

☐ PÁTIO ☐ SECRETARIA

☐ SALA DE AULA ☐ LABORATÓRIO DE INFORMÁTICA

2 NA ILUSTRAÇÃO, OS ESTUDANTES ESTÃO REALIZANDO UMA ATIVIDADE EM DUPLAS. CONTORNE DE **VERMELHO** AS SITUAÇÕES QUE, EM SUA OPINIÃO, TORNAM O DIA A DIA NA ESCOLA AGRADÁVEL. CONTORNE DE **VERDE** AS SITUAÇÕES QUE, EM SUA OPINIÃO, NÃO FAVORECEM A BOA CONVIVÊNCIA NA ESCOLA.

3 COMO VOCÊ RESOLVERIA AS SITUAÇÕES QUE CONTORNOU DE **VERDE**?

OUTROS MOMENTOS IMPORTANTES

DURANTE O PERÍODO DE AULAS, HÁ UM INTERVALO EM QUE OS ESTUDANTES SE ALIMENTAM E, MUITAS VEZES, APROVEITAM PARA BRINCAR UM POUCO.

APÓS ESSE INTERVALO, HÁ MAIS AULAS E, DEPOIS, É A HORA DA SAÍDA.

1 VOCÊ SABE COMO ESSE INTERVALO COSTUMA SER CHAMADO? DESEMBARALHE AS LETRAS A SEGUIR E ESCREVA O NOME DELE.

C R I O E R E

---

2 COMO COSTUMA SER SEU RECREIO? MARQUE AS OPÇÕES COM UM **X**.

A. COM QUEM VOCÊ COSTUMA PASSAR OS RECREIOS?
- ☐ FAMILIARES
- ☐ COLEGAS DE TURMA
- ☐ PROFESSORES
- ☐ DIRETORES

B. QUE ATIVIDADES VOCÊ COSTUMA REALIZAR NOS RECREIOS?
- ☐ BRINCAR
- ☐ LER
- ☐ TOMAR LANCHE
- ☐ DORMIR

C. EM QUE LUGAR DA ESCOLA COSTUMAM OCORRER OS RECREIOS?
- ☐ SALA DE AULA
- ☐ BIBLIOTECA
- ☐ QUADRA DE ESPORTES
- ☐ PÁTIO

3 DURANTE O RECREIO, HÁ ALGUMAS REGRAS. VOCÊ CONHECE ESSAS REGRAS? VOCÊ CONCORDA COM ELAS?

SABER SER

VAMOS LER IMAGENS!

PINTURAS SOBRE A ESCOLA

A PINTURA É UMA MANEIRA DE SE EXPRESSAR. ELA É FEITA COM TINTA SOBRE UMA SUPERFÍCIE. NO PASSADO, A PINTURA ERA UMA DAS ÚNICAS FORMAS DE REGISTRAR MOMENTOS. POR ISSO, ELA PODE SER UMA IMPORTANTE PISTA SOBRE OS COSTUMES DE UMA COMUNIDADE NO PASSADO.

VEJA ESTA PINTURA. ELA MOSTRA UMA CENA ESCOLAR.

HENRI J. J. GEOFFROY. *A CLASSE DAS CRIANÇAS*, 1889. ÓLEO SOBRE TELA.

AO OBSERVAR AS PERSONAGENS REPRESENTADAS, É POSSÍVEL CONCLUIR QUE OS ESTUDANTES SÃO AS CRIANÇAS E QUE A PROFESSORA É A ÚNICA PESSOA ADULTA DA PINTURA. TAMBÉM É POSSÍVEL OBSERVAR QUE NESSA SALA DE AULA HÁ APENAS MENINOS. ELES OCUPAM MESAS COLETIVAS E ESTÃO EM UM MOMENTO DE ATIVIDADE EM SALA.

ESSE REGISTRO MOSTRA UMA SALA DE AULA DO PASSADO. ESSA SALA NÃO PRECISA, NECESSARIAMENTE, TER SIDO VISITADA PELO AUTOR DA PINTURA. ELE APENAS PODE TER IMAGINADO ESSA SALA.

AGORA É A SUA VEZ

1 OBSERVEM ESTA PINTURA E RESPONDAM ÀS QUESTÕES.

▲ LUCIANA MARIANO. *PÁTIO DO COLÉGIO*, 2014. TINTA ACRÍLICA SOBRE TELA.

A. QUE ATIVIDADES AS PERSONAGENS ESTÃO REALIZANDO? PINTEM OS QUADRINHOS DE **VERMELHO**.

☐ BRINCANDO.   ☐ TOMANDO LANCHE.

☐ BEBENDO ÁGUA.   ☐ DORMINDO.

B. QUE MOMENTO DA ROTINA ESCOLAR FOI RETRATADO?

C. QUE LUGAR DA ESCOLA FOI RETRATADO?

2 AINDA EM DUPLA, COMPLETEM A FRASE A SEGUIR COM AS LETRAS **A** E **B**, DE ACORDO COM AS DUAS IMAGENS.

A IMAGEM ____ É MAIS ANTIGA DO QUE A IMAGEM ____.

3 AGORA, COMPAREM AS DUAS PINTURAS. QUE DIFERENÇAS E SEMELHANÇAS VOCÊS IDENTIFICAM ENTRE ELAS?

APRENDER SEMPRE

1 NUMERE OS EVENTOS A SEGUIR DE **1** A **3**, DE ACORDO COM A ROTINA DA ESCOLA ONDE VOCÊ ESTUDA.

☐ HORA DA ENTRADA. ☐ HORA DO RECREIO.

☐ HORA DA SAÍDA.

2 MARQUE COM UM **X** OS QUADRINHOS COM AS RESPOSTAS CORRETAS SOBRE AS AULAS DE EDUCAÇÃO FÍSICA NA ESCOLA.

A. EM QUE DIA DA SEMANA ESSAS AULAS OCORREM?

☐ DOMINGO ☐ QUINTA-FEIRA

☐ SEGUNDA-FEIRA ☐ SEXTA-FEIRA

☐ TERÇA-FEIRA ☐ SÁBADO

☐ QUARTA-FEIRA

B. EM QUE ESPAÇO DA ESCOLA ESSAS AULAS ACONTECEM?

☐ SALA DE AULA ☐ BANHEIRO

☐ DIRETORIA ☐ QUADRA DE ESPORTES

☐ BIBLIOTECA ☐ CANTINA

☐ SECRETARIA

☐ PÁTIO ☐ REFEITÓRIO

☐ COZINHA ☐ LABORATÓRIO DE INFORMÁTICA

3 QUAL É SEU ESPAÇO FAVORITO NA ESCOLA? SE A ESCOLA TIVER UMA CÂMERA FOTOGRÁFICA OU UM CELULAR, FAÇA UMA FOTO DESSE LUGAR. SE NÃO TIVER, FAÇA UM DESENHO. DEPOIS, MOSTRE SEU REGISTRO AOS COLEGAS E CONTE A ELES POR QUE VOCÊ GOSTA DESSE ESPAÇO.

4 O TEXTO QUE O PROFESSOR VAI LER É SOBRE A ESCOLA ESTADUAL INDÍGENA ALDEIA PEGUAO-TY, EM SETE BARRAS, SÃO PAULO. ACOMPANHE A LEITURA.

> CHEIRO DE MATO, ZUMBIDO DE INSETOS E RUÍDO DE ÁGUA CORRENDO PRÓXIMO DALI. NO MEIO DA MATA ATLÂNTICA [...], UMA **CLAREIRA** ABRIGA UMA CASA GRANDE E TÉRREA, COM SALAS AREJADAS. [...]
>
> [...]
>
> COM 35 ALUNOS E 3 PROFESSORES, A ESCOLA OFERECE ENSINO FUNDAMENTAL À ALDEIA GUARANI [...] – NO PRIMEIRO ANO, AS AULAS SÃO **MINISTRADAS** EM GUARANI. "OS ALUNOS APRENDEM HISTÓRIA, GEOGRAFIA, MATEMÁTICA, ARTES E NOSSOS COSTUMES", CONTA O VICE-DIRETOR, ODAIR EUSÉBIO.
>
> A ESCOLA TEM UMA ROTINA COMO OUTRA QUALQUER: INTERVALO, PROVAS E LIÇÃO DE CASA.
>
> MARIANA MANDELLI. ALUNOS APRENDEM COSTUMES, MAS ROTINA É DE ESCOLA COMUM. *O ESTADO DE S. PAULO*, 7 MAR. 2011. DISPONÍVEL EM: https://www.estadao.com.br/noticias/geral,alunos-aprendem-costumes-mas-rotina-e-de-escola-comum-imp-,688771. ACESSO EM: 19 FEV. 2021.

CLAREIRA: ESPAÇO SEM ÁRVORES.
MINISTRADA: REALIZADA.

A. HÁ ALGUMA PALAVA DO TEXTO QUE VOCÊ NÃO CONHECE? SE SIM, CONTE PARA O PROFESSOR. ELE VAI AJUDAR VOCÊ A DESCOBRIR O QUE ELA SIGNIFICA.

B. QUAIS SÃO AS DIFERENÇAS ENTRE A ROTINA DESSA ESCOLA E A ROTINA DA ESCOLA ONDE VOCÊ ESTUDA? E QUAIS SÃO AS SEMELHANÇAS?

C. VOCÊ ACHA IMPORTANTE QUE OS ESTUDANTES INDÍGENAS TENHAM AULAS SOBRE OS COSTUMES INDÍGENAS? POR QUÊ?

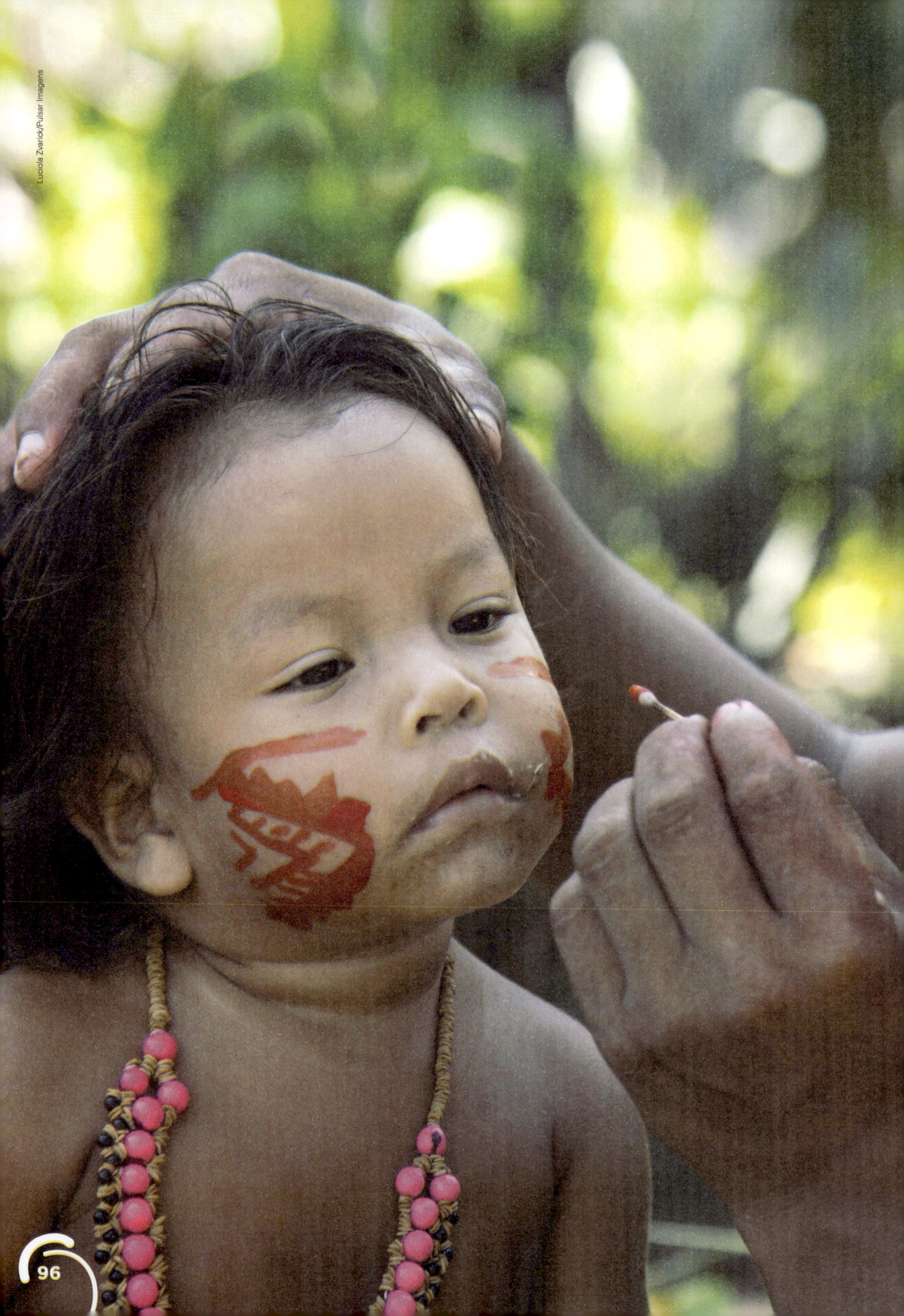
Luciola Zvarick/Pulsar Imagens

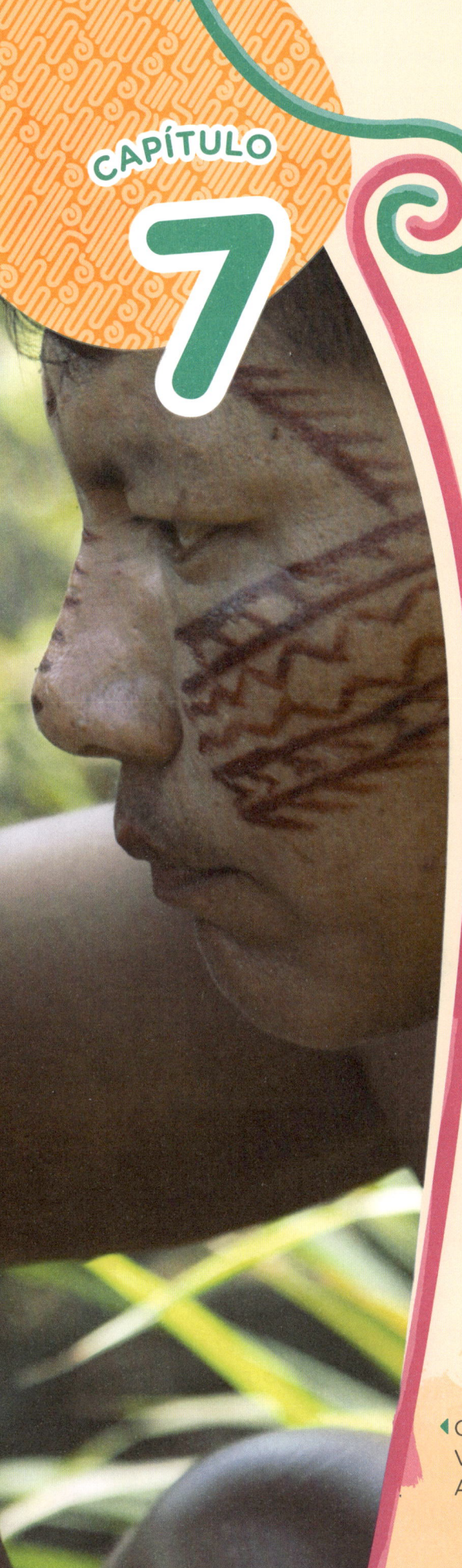

CAPÍTULO 7
OS COSTUMES DA FAMÍLIA

CADA FAMÍLIA TEM SEU JEITO DE SER E DE AGIR, COM DIFERENTES REGRAS E FORMAS DE VER O MUNDO.

PARA COMEÇO DE CONVERSA

1. ESSA FOTO MOSTRA O COSTUME DE UMA FAMÍLIA INDÍGENA. QUE COSTUME É ESSE?

2. DE QUAL COSTUME DE SUA FAMÍLIA VOCÊ MAIS GOSTA? POR QUÊ?

3. QUANDO ALGUÉM DE SUA FAMÍLIA PROPÕE UMA BRINCADEIRA, MAS VOCÊ QUER BRINCAR DE OUTRA COISA, COMO VOCÊS RESOLVEM ISSO?

SABER SER

◀ CRIANÇA E ADULTO DO POVO TUYUKA, QUE VIVE EM ALDEIA PRÓXIMA A MANAUS, NO AMAZONAS. FOTO DE 2016.

ATIVIDADES COM A FAMÍLIA

ALÉM DA ROTINA DIÁRIA, HÁ OUTROS COSTUMES FAMILIARES.

CONHEÇA ALGUNS COSTUMES DA FAMÍLIA DE MARIANA DURANTE O PERÍODO DE FÉRIAS. PARA ISSO, ACOMPANHE COM O DEDO A LEITURA DO TEXTO A SEGUIR.

[...] ERAM DUAS VIAGENS POSSÍVEIS: PARA MINAS GERAIS, NA CASA DA MINHA AVÓ, OU PARA CARAGUATATUBA [SÃO PAULO], ONDE MINHA MADRINHA TINHA UMA CASA [...]. [...] HAVIA UMA FAMÍLIA DE AMIGOS DOS MEUS PADRINHOS QUE VIVIA EM CARAGUATATUBA. [...] NESTE DIA EM ESPECIAL, ERA MEU ANIVERSÁRIO [...] DE 6 ANOS [...]. PARA COMEMORAR A DATA, MINHA MÃE FICOU [...] PREPARANDO UM BOLO. EU FUI PARA A PRAIA COM ALGUNS ADULTOS E [...] [AS] CRIANÇAS, E NOS ALOJAMOS SOB O GUARDA-SOL.

RELATO DE MARIANA KRAUSS. A PRAIA SEM FIM. MUSEU DA PESSOA, 4 MAR. 2017. DISPONÍVEL EM: https://acervo.museudapessoa.org/pt/conteudo/historia/a-praia-sem-fim-122131. ACESSO EM: 20 FEV. 2021.

1. SUA FAMÍLIA TEM O COSTUME DE IR À PRAIA, VIAJAR PARA OUTROS LUGARES E COMEMORAR ANIVERSÁRIOS COMO A FAMÍLIA DE MARIANA? EXPLIQUE.

2. QUANDO SUA FAMÍLIA SE REÚNE, VOCÊ COSTUMA BRINCAR? EM CASO AFIRMATIVO, CONTE COMO É.

AS REUNIÕES

EM MUITAS FAMÍLIAS É COMUM ORGANIZAR REUNIÕES. NESSES MOMENTOS, É POSSÍVEL APROVEITAR A COMPANHIA DA MAIORIA DOS MEMBROS DA FAMÍLIA.

3 ACOMPANHE NOVAMENTE A LEITURA QUE O PROFESSOR VAI FAZER DO RELATO DE MARIANA. CONTORNE NESSE TEXTO AS INFORMAÇÕES DE ACORDO COM AS CORES A SEGUIR.

- 🟪 LUGARES PARA ONDE A FAMÍLIA COSTUMA VIAJAR.
- 🟥 COSTUME DE COMEMORAR O ANIVERSÁRIO.
- 🟩 COSTUMES DE QUANDO VÃO A CARAGUATATUBA.

4 LEMBRE-SE DE UMA REUNIÃO EM FAMÍLIA QUE TENHA SIDO MUITO ESPECIAL PARA VOCÊ. FAÇA COMO MARIANA E CONTE À TURMA AS PRINCIPAIS CARACTERÍSTICAS DESSA REUNIÃO. VOCÊ PODE SEGUIR ESTAS ETAPAS.

- CONVERSE COM UMA PESSOA MAIS VELHA DE SUA FAMÍLIA E TENTE DESCOBRIR SE HÁ FOTOS DESSA REUNIÃO. SE HOUVER, PEÇA A ELA UMA CÓPIA PARA LEVAR À ESCOLA. MOSTRE A FOTO AOS COLEGAS QUANDO FOR CONTAR SUA HISTÓRIA.
- CONTE À TURMA QUANDO E ONDE FOI ESSA REUNIÃO E POR QUE ELA FOI REALIZADA.
- DIGA QUANTOS ANOS VOCÊ TINHA NA ÉPOCA EM QUE ESSA REUNIÃO OCORREU, QUANTO TEMPO ELA DUROU E QUAIS PESSOAS DA FAMÍLIA PARTICIPARAM DELA.
- CONTE TAMBÉM QUAIS ATIVIDADES VOCÊ E AS PESSOAS DE SUA FAMÍLIA REALIZARAM. EXPLIQUE POR QUE VOCÊ GOSTOU MAIS DESSA REUNIÃO DO QUE DE OUTRAS REUNIÕES DA FAMÍLIA.

FESTAS E COMEMORAÇÕES

CADA FAMÍLIA TEM COSTUMES PRÓPRIOS AO REALIZAR FESTAS E COMEMORAÇÕES. A ÉPOCA EM QUE ELAS OCORREM, O PERÍODO DO DIA EM QUE SÃO REALIZADAS, AS ROUPAS E OS OBJETOS UTILIZADOS, OS ALIMENTOS PREPARADOS NESSAS OCASIÕES, ENTRE OUTROS ELEMENTOS, VARIAM DE UMA FAMÍLIA PARA OUTRA.

1 COM A AJUDA DE UMA PESSOA MAIS VELHA DE SUA FAMÍLIA, PREENCHA A FICHA COM AS INFORMAÇÕES SOBRE AS FESTAS QUE VOCÊS COSTUMAM FAZER.

A. EM QUE ÉPOCAS VOCÊS COSTUMAM FAZER FESTAS E COMEMORAÇÕES? MARQUE COM UM **X**.

☐ NOS FINS DE SEMANA.

☐ NOS ANIVERSÁRIOS.

☐ NO COMEÇO E NO FIM DO ANO.

☐ EM OUTRAS DATAS: _____

B. GERALMENTE, QUAIS SÃO OS MOTIVOS DESSAS COMEMORAÇÕES?

_____

_____

C. QUAIS ATIVIDADES VOCÊS REALIZAM NESSAS FESTAS?

_____

_____

D. QUAIS PRATOS COSTUMAM SER PREPARADOS?

_____

DIFERENTES TIPOS DE FESTA

ALÉM DAS COMEMORAÇÕES EM FAMÍLIA, HÁ FESTAS QUE SÃO **PÚBLICAS**. GERALMENTE, ESSAS FESTAS SÃO REALIZADAS COM A CONTRIBUIÇÃO DE DIFERENTES FAMÍLIAS E HÁ CASOS EM QUE O GOVERNO APOIA ESSAS COMEMORAÇÕES.

VEJA ALGUNS EXEMPLOS NAS FOTOS A SEGUIR.

▲ FESTIVIDADE DO BOI DE MAMÃO EM ANTONINA, PARANÁ. FOTO DE 2017.

▲ FOLIA DE REIS NO MUNICÍPIO DE EXU, PERNAMBUCO. FOTO DE 2019.

▲ FOTO DO ARRAIAL DO BANHO DE SÃO JOÃO, EM CORUMBÁ, MATO GROSSO DO SUL, EM 2018.

▲ FESTIVAL FOLCLÓRICO DE PARINTINS, NO AMAZONAS. FOTO DE 2019.

2 NO MUNICÍPIO ONDE VOCÊ MORA, HÁ COMEMORAÇÕES DESSE TIPO? EM CASO AFIRMATIVO, DIGA O NOME DESSAS COMEMORAÇÕES E SE VOCÊ E SUA FAMÍLIA COSTUMAM PARTICIPAR DELAS.

3 EM SUA OPINIÃO, QUAIS SÃO AS DIFERENÇAS ENTRE AS FESTAS PÚBLICAS E AS FESTAS DE SUA FAMÍLIA?

OUTRAS ATIVIDADES DE LAZER

ALÉM DAS FESTAS E COMEMORAÇÕES, HÁ OUTRAS ATIVIDADES QUE FAZEM PARTE DOS COSTUMES DE UMA FAMÍLIA, COMO AS ATIVIDADES DE **LAZER**. AS ILUSTRAÇÕES A SEGUIR MOSTRAM DUAS FAMÍLIAS EM ATIVIDADES DE LAZER.

LAZER: TEMPO DE DESCANSO, DE FOLGA.

A

B

1 ANOTE A LETRA QUE IDENTIFICA CADA IMAGEM NO QUADRINHO COM A INFORMAÇÃO CORRETA.

A. QUE ATIVIDADE DE LAZER A FAMÍLIA DA IMAGEM **A** E A FAMÍLIA DA IMAGEM **B** ESTÃO REALIZANDO?

☐ FAZENDO PIQUENIQUE.

☐ ASSISTINDO À TELEVISÃO.

☐ BRINCANDO COM JOGO DE TABULEIRO.

☐ BRINCANDO DE BOLA.

B. ONDE ESSAS ATIVIDADES SÃO REALIZADAS?

☐ EM UM RESTAURANTE.

☐ EM UMA PRAIA.

☐ EM UM PARQUE PÚBLICO.

☐ EM CASA.

BRINQUEDOS E BRINCADEIRAS DE FAMÍLIA

MUITAS FAMÍLIAS TÊM O COSTUME DE COMPARTILHAR BRINQUEDOS E BRINCADEIRAS. É COMUM QUE OS MAIS VELHOS ENSINEM AOS MAIS NOVOS AS BRINCADEIRAS QUE REALIZAVAM QUANDO ERAM CRIANÇAS.

O TEXTO QUE O PROFESSOR VAI LER É SOBRE O COSTUME DE ALGUMAS FAMÍLIAS DE CARUARU, EM PERNAMBUCO.

[...] PARA A COMUNIDADE DO ALTO DO MOURA, EM CARUARU [...], É MUITO NATURAL VER A CRIANÇADA SOLTANDO A IMAGINAÇÃO AO MANUSEAR A **ARGILA**.

ARGILA: BARRO.

É O CASO DOS PRIMOS HORTÊNSIA [...] E LUIZ ANTÔNIO [...], COM 8 E 5 ANOS DE IDADE, RESPECTIVAMENTE. ELES ADORAM FAZER [...] BRINQUEDOS [...]. [...] COELHINHOS E SÓIS SÃO AS IMAGENS PREFERIDAS DE LUIZ ANTÔNIO. "[...] EU APRENDI COM MEU VÔ BIU. NÃO SEI MUITA COISA, TÔ APRENDENDO. MAS SEI FAZER AS ORELHAS DOS COELHOS E O SOL BEM GRANDE", CONTA.

BONECOS DE ARGILA TÍPICOS DE CARUARU, PERNAMBUCO. FOTO DE 2015. ▶

ÂNDRICA VIRGULINO. ARTE DO BARRO INSPIRA CRIANÇAS A FAZER OS PRÓPRIOS BRINQUEDOS, EM CARUARU. G1, 11 OUT. 2013. DISPONÍVEL EM: http://glo.bo/GPUhrj. ACESSO EM: 20 FEV. 2021.

2 VOCÊ JÁ BRINCOU COM ARGILA?

3 QUE BRINCADEIRAS VOCÊ COSTUMA REALIZAR COM SUA FAMÍLIA? HÁ BRINQUEDOS QUE VOCÊ E OS MEMBROS DE SUA FAMÍLIA COMPARTILHAM? EXPLIQUE.

4 FORME GRUPO COM DOIS COLEGAS. CADA UM DE VOCÊS DEVE COMPARTILHAR COM OS OUTROS MEMBROS DO GRUPO UMA BRINCADEIRA QUE TENHA APRENDIDO COM A FAMÍLIA.

REGISTROS

AS CANTIGAS

MUITAS BRINCADEIRAS E FESTAS POPULARES SÃO ACOMPANHADAS DE CANTIGAS, QUE SÃO POEMAS CANTADOS.

ESSAS CANTIGAS NÃO TÊM UM AUTOR DEFINIDO: ELAS SÃO TRANSMITIDAS DE GERAÇÃO A GERAÇÃO E FAZEM PARTE DOS COSTUMES DA COMUNIDADE.

CORRE CUTIA
NA CASA DA TIA
CORRE CIPÓ
NA CASA DA AVÓ
LENCINHO NA MÃO
CAIU NO CHÃO
MOÇA BONITA
DO MEU CORAÇÃO
GALO QUE CANTA
CÓ-CÓ-RI-CÓ
PINTINHO QUE PIA
PIU-PIU-PIU

PODE JOGAR?
PODE!
NINGUÉM VAI OLHAR?
NÃO!

TRADIÇÃO ORAL.

1. VOCÊ CONHECE ESSA CANTIGA? QUANDO ELA COSTUMA SER CANTADA?

2. VOCÊ CONHECE OUTRAS CANTIGAS? SE SIM, COMPARTILHE ESSAS CANTIGAS COM OS COLEGAS.

PARA EXPLORAR

***O TESOURO DAS CANTIGAS PARA CRIANÇAS*, DE ANA MARIA MACHADO. RIO DE JANEIRO: NOVA FRONTEIRA, 2010.**

COM ESSA OBRA, VOCÊ E SUA FAMÍLIA PODEM CONHECER DIFERENTES CANTIGAS DE RODA. ELAS FORAM ORGANIZADAS EM DOIS VOLUMES E ACOMPANHAM CD DE ÁUDIO.

ALÉM DO LAZER...

OUTROS IMPORTANTES COSTUMES PRATICADOS PELAS FAMÍLIAS SÃO AS ATITUDES QUE DEMONSTRAM RESPEITO ENTRE AS PESSOAS E A COLABORAÇÃO NAS TAREFAS DOMÉSTICAS. ESSES COSTUMES TAMBÉM FAVORECEM A BOA CONVIVÊNCIA FORA DE CASA.

ACOMPANHE A LEITURA DA TIRA ABAIXO E RESPONDA ÀS QUESTÕES.

ALEXANDRE BECK. *ARMANDINHO OITO*. SÃO PAULO: MATRIX, 2016. P. 76.

1 EM SUA FAMÍLIA, HÁ O COSTUME DE UTILIZAR AS FRASES QUE APARECEM NA TIRA? MARQUE COM UM **X**.

☐ SIM.   ☐ NÃO.

2 VOCÊ COSTUMA UTILIZAR ESSAS FRASES FORA DE CASA? EM SUA OPINIÃO, POR QUE O USO DELAS É IMPORTANTE?

3 EM SUA CASA, QUEM COSTUMA AJUDAR NA ORGANIZAÇÃO E NA LIMPEZA? ANOTE O NOME DESSAS PESSOAS.

4 VOCÊ ACHA IMPORTANTE AJUDAR NAS TAREFAS DE ORGANIZAÇÃO DA CASA, COMO RECOLHER OS BRINQUEDOS APÓS BRINCAR? EXPLIQUE.

PESSOAS E LUGARES

OS COSTUMES DAS FAMÍLIAS INUÍTES

OS POVOS INDÍGENAS NÃO EXISTEM SÓ NO BRASIL. HÁ POVOS INDÍGENAS EM MUITOS OUTROS TERRITÓRIOS. ELES SÃO CHAMADOS DE INDÍGENAS, ENTRE OUTROS MOTIVOS, PORQUE SEUS ANCESTRAIS OCUPAM OS TERRITÓRIOS ONDE VIVEM HÁ MUITO TEMPO E LUTAM PELO RECONHECIMENTO DE SUAS CULTURAS.

ALGUNS DESSES POVOS HABITAM LUGARES MUITO FRIOS, NO NORTE DO PLANETA, COMO O CANADÁ E A GROENLÂNDIA. O POVO INUÍTE É UM DESSES POVOS.

NESSES LUGARES, É COMUM NEVAR DURANTE A MAIOR PARTE DO ANO, DIFERENTEMENTE DO BRASIL.

AO LONGO DO TEMPO, OS INUÍTES DESENVOLVERAM ALGUNS COSTUMES PARA SOBREVIVER AO FRIO. MUITAS FAMÍLIAS INUÍTES CONTINUAM A ENSINAR ESSES COSTUMES ÀS CRIANÇAS.

▲ AS MORADIAS INUÍTES SÃO FEITAS DE MADEIRA. OS INUÍTES TAMBÉM COSTUMAM CONSTRUIR ABRIGOS PROVISÓRIOS CHAMADOS DE IGLUS. ELES SÃO FEITOS DE BLOCOS DE GELO. NA FOTO, MORADIAS INUÍTES EM QIKIQTAALUK, CANADÁ, EM 2019.

ENTRE OS INUÍTES, É COMUM QUE AS MÃES CARREGUEM OS FILHOS EM UMA ESPÉCIE DE BOLSA QUE VAI NAS COSTAS. NA FOTO, MÃE E FILHO INUÍTES EM CAPE DORSET, CANADÁ, EM 2019.

A CANOA É UM MEIO DE TRANSPORTE MUITO USADO PELAS FAMÍLIAS INUÍTES DO ALASKA, ESTADOS UNIDOS. FOTO DE 2015.

1 QUAIS SEMELHANÇAS VOCÊ IDENTIFICOU ENTRE OS COSTUMES DAS FAMÍLIAS INUÍTES E OS COSTUMES DE SUA FAMÍLIA? E DIFERENÇAS?

2 EM SUA OPINIÃO, HÁ ALGUMA SEMELHANÇA ENTRE OS INUÍTES E OS POVOS INDÍGENAS DO BRASIL? EM CASO AFIRMATIVO, DIGA QUAL É ESSA SEMELHANÇA.

3 NO LUGAR ONDE VOCÊ MORA, CAI NEVE? EM CASO AFIRMATIVO, CONTE À TURMA SUAS EXPERIÊNCIAS COM A NEVE.

APRENDER SEMPRE

1 ESTA FOTO MOSTRA CRIANÇAS DE UMA COMUNIDADE RIBEIRINHA. OBSERVE A IMAGEM. DEPOIS, ESCOLHA UMA COR PARA PINTAR OS QUADROS COM AS PALAVRAS QUE COMPLETAM AS FRASES CORRETAMENTE.

CRIANÇAS RIBEIRINHAS NA RESERVA DE DESENVOLVIMENTO SUSTENTÁVEL AMANÃ, AMAZONAS. FOTO DE 2019.

Ricardo Oliveira/Tyba

A. AS CRIANÇAS RIBEIRINHAS ESTÃO _____.

| BRINCANDO | COMENDO | DORMINDO |

B. AS _____ QUE APARECEM NA FOTO SÃO BRINQUEDOS QUE POSSIBILITAM DIFERENTES BRINCADEIRAS.

| BOLINHAS | CORDAS | PETECAS |

C. AS BRINCADEIRAS PODEM SER CONSIDERADAS ATIVIDADES DE _____ DA FAMÍLIA.

| TRABALHO | LAZER | ESCOLA |

2 VOCÊ COSTUMA BRINCAR COM OS BRINQUEDOS QUE APARECEM NESSA FOTO?

A. FALE SOBRE AS BRINCADEIRAS QUE VOCÊ CONHECE E EXPLIQUE AOS COLEGAS AS REGRAS DELAS.

B. ELAS SÃO PARECIDAS COM A BRINCADEIRA DAS CRIANÇAS DA FOTO OU SÃO DIFERENTES? COMENTE.

3 OBSERVE A SITUAÇÃO RETRATADA NA TIRA.

WILLIAN LEITE. *VIVA INTENSAMENTE*, N. 91, 19 DEZ. 2012 (ADAPTADA). DISPONÍVEL EM: http://www.willtirando.com.br/viva-intensamente-91/. ACESSO EM: 20 FEV. 2021.

A. A FAMÍLIA DA QUAL O CACHORRO DA TIRA FAZ PARTE ESTÁ REALIZANDO UMA COMEMORAÇÃO. QUE COMEMORAÇÃO É ESSA? MARQUE COM UM **X**.

☐ CARNAVAL   ☐ NATAL   ☐ FESTA JUNINA

B. SUA FAMÍLIA COSTUMA REALIZAR ESSA COMEMORAÇÃO? MARQUE COM UM **X**.

☐ SIM.   ☐ NÃO.

C. O COMPORTAMENTO DO CACHORRO É ADEQUADO? O QUE VOCÊ FARIA SE ESSE CACHORRO FOSSE DA SUA FAMÍLIA? LEMBRE-SE DE QUE OS ANIMAIS NÃO DEVEM SER MALTRATADOS.

4 EM ALGUMAS FAMÍLIAS, É COMUM QUE APENAS AS MENINAS E AS MULHERES SEJAM RESPONSÁVEIS PELA ORGANIZAÇÃO E LIMPEZA DA CASA.

A. VOCÊ CONCORDA COM ISSO? EM SUA FAMÍLIA, ISSO É COMUM?

B. DE QUE MODO TODOS OS MORADORES DA CASA PODEM COLABORAR PARA MANTER A LIMPEZA E A ORGANIZAÇÃO DOS AMBIENTES? POR QUE ISSO É IMPORTANTE?

SABER SER

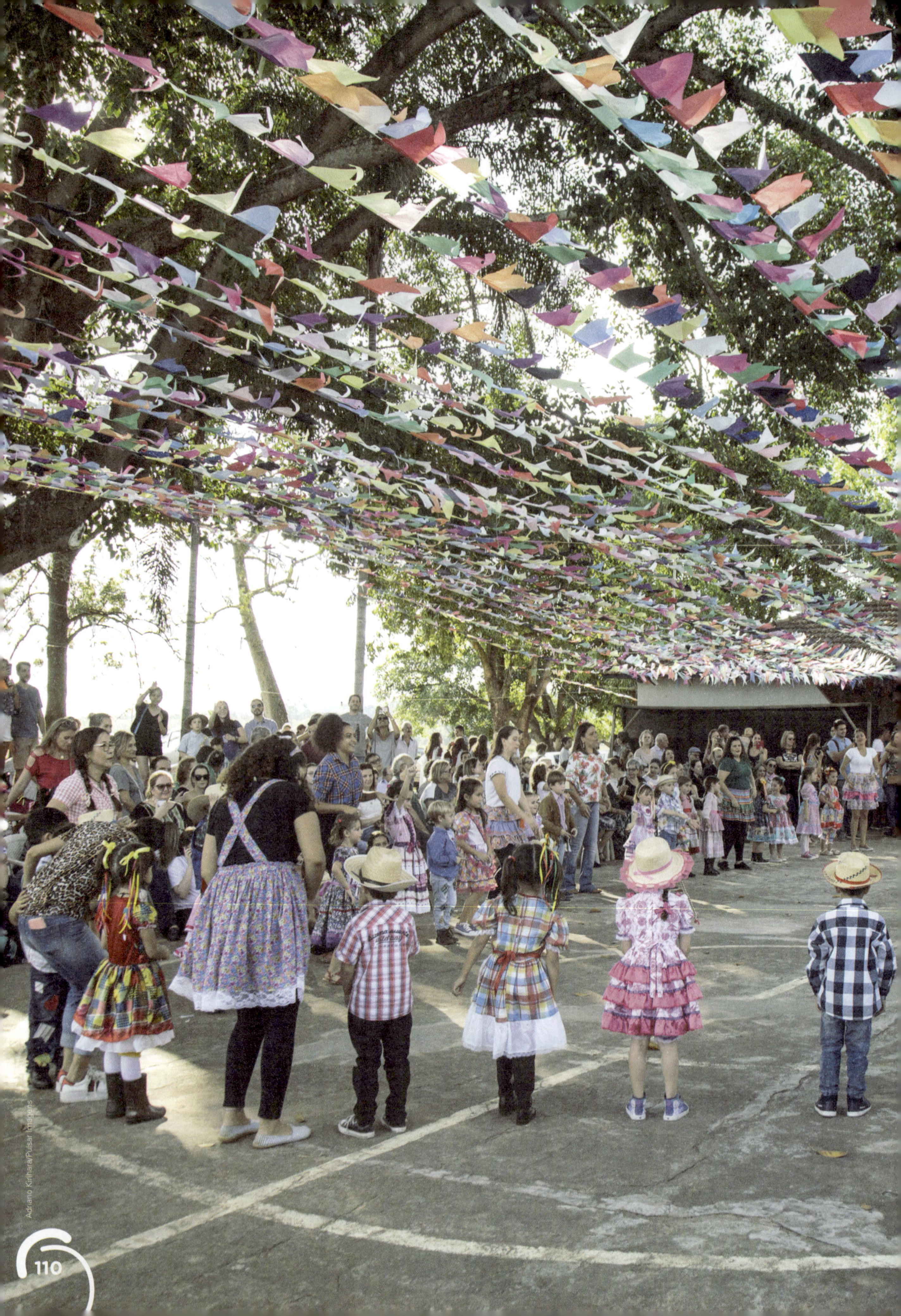
Adriano Kirihara/Pulsar Imagens

CAPÍTULO 8

OS COSTUMES DA ESCOLA

Assim como as famílias, as escolas também têm seus costumes e regras, jeitos de realizar atividades de lazer e comemorações.

PARA COMEÇO DE CONVERSA

1. Que tipo de festa a foto mostra? O que, na foto, fez você reconhecer esse tipo de festa?

2. A escola onde você estuda costuma fazer esse tipo de festa? O que você mais gosta de fazer nessa festa?

3. Para você, como os participantes das festas na escola devem se comportar para que elas sejam agradáveis para todos?

SABER SER

◀ Festa em escola no município de Presidente Prudente, em São Paulo. Foto de 2019.

JEITOS DE ESTUDAR

CADA ESCOLA TEM COSTUMES E ATIVIDADES ESPECÍFICAS. O TEXTO QUE O PROFESSOR VAI LER É SOBRE ALGUNS COSTUMES DE UMA ESCOLA DO MUNICÍPIO DE SÃO PAULO.

FESTAS NAS ESCOLAS SÃO OPORTUNIDADES PARA FORTALECER O CONTATO DA ESCOLA COM OS FAMILIARES DOS ALUNOS E COM A COMUNIDADE. [...]

[...] A ESCOLA MUNICIPAL DE ENSINO FUNDAMENTAL PROFESSORA DALVA BARBOSA LIMA JANSON [...] REÚNE FUNCIONÁRIOS, **DOCENTES** E MEMBROS DO CONSELHO ESCOLAR PARA DEFINIR AS ATIVIDADES [...] QUE SERÃO PRODUZIDAS PELOS ESTUDANTES. [...] "DURANTE OS FESTEJOS, NÃO DESVIAMOS O FOCO DO QUE ESTÁ SENDO ESTUDADO EM SALA DE AULA", AFIRMA A DIRETORA.

DOCENTE: EDUCADOR. EXEMPLO: PROFESSOR.

CRISTIANE MARANGON. DIA DE FESTA TAMBÉM É DIA DE APRENDER. *NOVA ESCOLA*, NOV. 2005. DISPONÍVEL EM: https://novaescola.org.br/conteudo/1539/dia-de-festa-tambem-e-dia-de-aprender. ACESSO EM: 20 FEV. 2021.

1 NA ESCOLA ONDE VOCÊ ESTUDA, HÁ O COSTUME DE REALIZAR FESTAS E COMEMORAÇÕES? QUAIS? VOCÊ GOSTA DELAS?

2 NA ESCOLA CITADA NO TEXTO, AS FESTAS TÊM RELAÇÃO COM O APRENDIZADO? ISSO TAMBÉM ACONTECE NA ESCOLA ONDE VOCÊ ESTUDA? EXPLIQUE.

DIFERENTES ESCOLAS, DIFERENTES COSTUMES

NA ESCOLA, HÁ MUITAS MANEIRAS DE ESTUDAR. HÁ ATIVIDADES INDIVIDUAIS, EM DUPLA E EM GRUPO; ATIVIDADES NO LIVRO DIDÁTICO, ATIVIDADES NO CADERNO E ATIVIDADES QUE NÃO SÃO ESCRITAS, COMO AS RODAS DE CONVERSA, AS ATIVIDADES FÍSICAS E ALGUNS ESTUDOS DO MEIO.

AO LONGO DO ANO ESCOLAR, A TURMA TAMBÉM APRENDE COM JOGOS E BRINCADEIRAS, FESTAS E OUTROS EVENTOS.

3 VOCÊ ACOMPANHOU A LEITURA DE UM TEXTO QUE FALA SOBRE QUAL COSTUME ESCOLAR? MARQUE COM UM **X**.

☐ AVALIAÇÕES
☐ EXCURSÕES
☐ FESTAS E COMEMORAÇÕES
☐ ATIVIDADES ESPORTIVAS

4 DE ACORDO COM O TEXTO, AS FESTAS E OS EVENTOS POSSIBILITAM "FORTALECER O CONTATO DA ESCOLA COM OS FAMILIARES DOS ALUNOS E COM A COMUNIDADE". OBSERVE A ILUSTRAÇÃO QUE ACOMPANHA O TEXTO E RESPONDA:

A. COMO A COMUNIDADE E A FAMÍLIA DOS ESTUDANTES PODEM SE ENVOLVER COM A ESCOLA DURANTE AS FESTAS E AS COMEMORAÇÕES?

B. NA ESCOLA ONDE VOCÊ ESTUDA, ALÉM DAS FESTAS, EM QUE OUTROS MOMENTOS HÁ A PARTICIPAÇÃO DAS FAMÍLIAS E DA COMUNIDADE NA ESCOLA?

5 NA ESCOLA DO TEXTO, AS FESTAS SÃO ESCOLHIDAS PELOS FUNCIONÁRIOS DA ESCOLA. NA ESCOLA ONDE VOCÊ ESTUDA, ISSO TAMBÉM OCORRE? AS FAMÍLIAS DOS ESTUDANTES COSTUMAM PARTICIPAR DAS DECISÕES? EXPLIQUE.

OUTROS TEMPOS, OUTROS COSTUMES

NO PASSADO, ALGUNS COSTUMES NA ESCOLA ERAM DIFERENTES DOS COSTUMES QUE EXISTEM HOJE EM DIA.

POR EXEMPLO, NO PASSADO ERA COMUM QUE PROFESSORES E OUTROS FUNCIONÁRIOS DA ESCOLA PUDESSEM CASTIGAR FISICAMENTE OS ESTUDANTES. HOJE, ISSO NÃO É ACEITÁVEL, ALÉM DE SER PROIBIDO POR LEI.

ACOMPANHE A LEITURA DO PROFESSOR SOBRE UM COSTUME ESCOLAR DO PASSADO.

> NA AULA DE LEITURA [...] O OLHAR DOS ALUNOS [...] DEVERIA SE DETER NO LIVRO [...]. [...] CORPO **ERETO**, PERNAS JUNTAS, UMA DAS MÃOS SEGURA O LIVRO À ALTURA DO PEITO, A OUTRA DESCANSA ATRÁS [DAS COSTAS]. A LEITURA SEM QUALQUER AUXÍLIO A NÃO SER OS OLHOS ERA UMA HABILIDADE TREINADA DIARIAMENTE NA ESCOLA.
>
> ROSA FÁTIMA DE SOUZA. FOTOGRAFIAS ESCOLARES: A LEITURA DE IMAGENS NA HISTÓRIA DA ESCOLA PRIMÁRIA. *EDUCAR EM REVISTA*, CURITIBA, ED. DA UFPR, N. 18, P. 94, 2001. DISPONÍVEL EM: https://revistas.ufpr.br/educar/article/view/32819. ACESSO EM: 20 FEV. 2021.

ERETO: DE PÉ, EM POSTURA RÍGIDA.

1 COM A AJUDA DO ADULTO QUE CUIDA DE VOCÊ, DESTAQUE A FOTO DA PÁGINA 135 E COLE ESSA FOTO NO CADERNO. ACOMPANHE A LEITURA DA LEGENDA E RESPONDA:

- O TEXTO E A FOTO MOSTRAM SITUAÇÕES DE QUAL ÉPOCA? PINTE A OPÇÃO CORRETA DE **MARROM**.

  ☐ DO PRESENTE   ☐ DO PASSADO

2 TENTE FAZER A POSTURA QUE OS ESTUDANTES DEVERIAM TER DURANTE A AULA DE LEITURA, DE ACORDO COM AS INFORMAÇÕES DO TEXTO E DA FOTO. ESSA POSTURA É CONFORTÁVEL? POR QUÊ?

3 COMO SÃO AS ATIVIDADES DE LEITURA NA ESCOLA ONDE VOCÊ ESTUDA? COMO O PROFESSOR COSTUMA FICAR DURANTE A LEITURA? E OS ESTUDANTES? FAÇA UM DESENHO QUE REPRESENTE ESSA SITUAÇÃO.

- TROQUE DE LIVRO COM UM COLEGA E OBSERVE O DESENHO QUE ELE FEZ. OUÇA A EXPLICAÇÃO DELE E DEPOIS EXPLIQUE A ELE O DESENHO QUE VOCÊ FEZ.

4 AGORA, COMPAREM OS DESENHOS DE VOCÊS COM A FOTO QUE VOCÊS COLARAM NO CADERNO. QUAIS SÃO AS DIFERENÇAS ENTRE:

A. AS SALAS DE AULA?

B. AS ROUPAS E A POSTURA DOS ESTUDANTES?

C. OS ADULTOS QUE FAZEM PARTE DESSA ATIVIDADE?

EVENTOS DA ESCOLA

OS EVENTOS TAMBÉM FAZEM PARTE DOS COSTUMES ESCOLARES. NA ABERTURA DESTE CAPÍTULO VOCÊ CONHECEU UM EVENTO ESCOLAR.

AGORA, VEJA OUTROS EVENTOS NAS FOTOS A SEGUIR.

A ◀ ESTUDANTES DA ESCOLA MUNICIPAL DE ENSINO FUNDAMENTAL LUIZ ANTONIO ALMEIDA, NA COMUNIDADE CABECEIRA DO AMORIM, NO RIO TAPAJÓS, PARÁ, FAZEM APRESENTAÇÃO DE **CARIMBÓ** À COMUNIDADE. FOTO DE 2017.

CARIMBÓ: DANÇA TÍPICA DO ESTADO DO PARÁ.

B ESTUDANTES DA ESCOLA MUNICIPAL SANTA RITA DE CÁSSIA, NA COMUNIDADE RIBEIRINHA DE ANUMÃ, SANTARÉM, PARÁ, REUNIDOS PARA FESTA EMBAIXO DO CAJUEIRO. FOTO DE 2017. ▶

C ◀ ESTUDANTES DA ESCOLA MUNICIPAL DE ENSINO FUNDAMENTAL MARIA NEULY DOURADO, EM CABACEIRAS, PARAÍBA, DURANTE GINCANA SOBRE ALIMENTAÇÃO SAUDÁVEL. FOTO DE 2018.

D ESTUDANTES DA REDE MUNICIPAL DE ENSINO DURANTE VISITA AO PROJETO HORTA NO COCO, EM MARICÁ, RIO DE JANEIRO. FOTO DE 2018. ▶

1 ANOTE A LETRA DE CADA FOTO NOS QUADRINHOS QUE SE REFEREM A CADA EVENTO RETRATADO.

- ☐ MOSTRA CULTURAL
- ☐ ESTUDO DO MEIO
- ☐ FESTIVIDADE
- ☐ SARAU DE POESIA
- ☐ MARATONA DE MATEMÁTICA
- ☐ MELHORIAS NO PRÉDIO DA ESCOLA
- ☐ GINCANA
- ☐ APRESENTAÇÃO DE DANÇA

2 A ESCOLA ONDE VOCÊ ESTUDA REALIZA ALGUM DESSES EVENTOS? EM CASO AFIRMATIVO, QUAIS? CONTORNE OS NOMES DELES DE **PRETO** NA ATIVIDADE ANTERIOR.

3 QUE OUTROS EVENTOS SUA ESCOLA REALIZA? COM A ORIENTAÇÃO DO PROFESSOR, FAÇAM UMA LISTA NA LOUSA. **DICA**: ORGANIZEM A LISTA DE ACORDO COM A ORDEM EM QUE OS EVENTOS ACONTECEM AO LONGO DO ANO.

4 QUAL É SEU EVENTO FAVORITO NA ESCOLA?

A. ANOTE O NOME DELE NO QUADRO A SEGUIR.

☐

B. NESSE EVENTO, HÁ A PARTICIPAÇÃO DE FAMILIARES DOS ESTUDANTES? MARQUE COM UM **X**.

- ☐ SIM.
- ☐ NÃO.

C. POR QUE VOCÊ GOSTA DESSE EVENTO?

5 QUAIS SÃO AS DIFERENÇAS ENTRE OS EVENTOS QUE OCORREM EM SUA CASA E OS EVENTOS QUE OCORREM NA ESCOLA? VOCÊ SE COMPORTA DE UM JEITO DIFERENTE EM CADA UM DELES? EXPLIQUE.

JOGOS E ATIVIDADES

COMO ESTUDAMOS, NA ESCOLA SÃO REALIZADAS DIFERENTES ATIVIDADES, ORGANIZADAS EM UMA ROTINA.

A ROTINA PODE SER OBSERVADA DE VÁRIOS MODOS: DIÁRIO, SEMANAL, MENSAL, BIMESTRAL, TRIMESTRAL, SEMESTRAL E ANUAL. E AS ATIVIDADES VARIAM DE ACORDO COM OS COSTUMES DE CADA ESCOLA E DA COMUNIDADE DA QUAL ELA FAZ PARTE. ENTRE AS VÁRIAS ATIVIDADES ESCOLARES ESTÃO OS **JOGOS**.

NEM SEMPRE ELES FORAM CRIADOS COM O OBJETIVO DE ENSINAR. NO PASSADO, OS JOGOS SERVIAM MAIS PARA DIVERTIR E ERAM VOLTADOS SOMENTE PARA OS ADULTOS.

A PINTURA A SEGUIR FOI FEITA HÁ QUASE QUINHENTOS ANOS. PRESTE ATENÇÃO NO NOME DELA.

▲ PIETER BRUEGEL. *JOGOS INFANTIS*, 1560. ÓLEO SOBRE MADEIRA.

1. OBSERVE ATENTAMENTE A PINTURA E CONVERSE COM OS COLEGAS SOBRE AS PERGUNTAS A SEGUIR.

   A. QUAIS JOGOS E BRINCADEIRAS VOCÊS IDENTIFICAM NA PINTURA? COM A AJUDA DO PROFESSOR, MONTEM UMA LISTA NA LOUSA E CONTEM QUANTOS ITENS VOCÊS IDENTIFICARAM NA PINTURA.

   B. QUAIS SITUAÇÕES REPRESENTADAS NA PINTURA VOCÊS NÃO RECONHECEM? O QUE VOCÊS PODEM FAZER PARA TER INFORMAÇÕES SOBRE ELAS?

   C. QUAIS OBJETOS SÃO USADOS NAS BRINCADEIRAS E NOS JOGOS REPRESENTADOS NA PINTURA? VOCÊS JÁ BRINCARAM COM ESSES OBJETOS?

   D. A CENA REPRESENTA UMA SITUAÇÃO DO PASSADO OU DO PRESENTE? COMO VOCÊS DESCOBRIRAM ISSO?

2. ALGUNS DOS JOGOS REPRESENTADOS NA PINTURA SÃO COMUNS ATÉ HOJE. NA PÁGINA 135, FORAM DESTACADOS DOIS JOGOS, CADA UM EM UMA FICHA. COM A AJUDA DE UM ADULTO, DESTAQUE AS FICHAS E REALIZE AS ATIVIDADES. NO DIA COMBINADO, MOSTRE SUAS FICHAS AOS COLEGAS E VEJA AS FICHAS QUE ELES FIZERAM.

3. COM BASE NA LISTA FEITA NA PRIMEIRA ATIVIDADE, ESCOLHAM TRÊS BRINCADEIRAS PARA REALIZAR NA ESCOLA. LEMBREM-SE DE REGISTRAR AS BRINCADEIRAS DESSE DIA COM FOTOS, VÍDEOS OU DESENHOS.

PARA EXPLORAR

MUSEU DA INFÂNCIA E DO BRINQUEDO (MIB)
DISPONÍVEL EM: https://mibufc.wordpress.com/2012/08/28/em-nossa-exposicao-atual-quadro-de-pieter-brueghel-jogos-infantis-o-velho-1560-kunsthistorissches-museum-de-viena/#jp-carousel-811. **ACESSO EM:** 11 FEV. 2021.
NESSE ENDEREÇO DIGITAL, VOCÊ PODE VER COM MAIS DETALHES A PINTURA *JOGOS INFANTIS*, DE PIETER BRUEGEL.

BRINCADEIRAS NA ESCOLA

ENTRE AS BRINCADEIRAS MAIS COMUNS NAS ESCOLAS DO BRASIL, ESTÃO AS BRINCADEIRAS COM CORDA.

VOCÊ JÁ PULOU CORDA? LEIA A LETRA DE UMA CANTIGA QUE É USADA NESSE TIPO DE BRINCADEIRA.

UM HOMEM BATEU EM MINHA PORTA
E EU ABRI.

SENHORAS E SENHORES,
PONHAM A MÃO NO CHÃO.

SENHORAS E SENHORES,
PULEM EM UM PÉ SÓ.

SENHORAS E SENHORES,
DEEM UMA RODADINHA

E VÃO PRO OLHO DA RUA!

TRADIÇÃO ORAL.

1 EM QUE MOMENTO DA CANTIGA AS CRIANÇAS DA ILUSTRAÇÃO FORAM REPRESENTADAS? PINTE DE **AZUL** O QUADRINHO COM A RESPOSTA.

☐ "PULEM EM UM PÉ SÓ."

☐ "DEEM UMA RODADINHA."

☐ "PONHAM A MÃO NO CHÃO."

☐ "VÃO PRO OLHO DA RUA!"

2 NA ESCOLA ONDE VOCÊ ESTUDA, É COMUM BRINCAR DE PULAR CORDA? SE SIM, O QUE VOCÊ PODE APRENDER COM ESSE TIPO DE BRINCADEIRA?

3 QUE OUTRAS BRINCADEIRAS DE CORDA VOCÊ CONHECE? COMO VOCÊ APRENDEU ESSAS BRINCADEIRAS?

REGISTROS

DOMINÓ

VOCÊ COSTUMA JOGAR DOMINÓ NA ESCOLA ONDE VOCÊ ESTUDA OU COM SUA FAMÍLIA E SEUS AMIGOS? ESSE JOGO EXISTE HÁ CERCA DE DOIS MIL ANOS E NÃO SE SABE AO CERTO QUAL POVO O INVENTOU. DURANTE ESSE TEMPO TODO, SURGIRAM MUITAS VERSÕES DESSE JOGO.

ATUALMENTE, A VERSÃO MAIS COMUM É COMPOSTA DE 28 PEÇAS. OBSERVE AS IMAGENS A SEGUIR E ACOMPANHE A LEITURA DAS LEGENDAS.

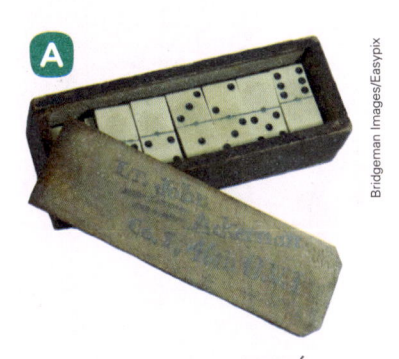

A ▲ PEÇAS DE DOMINÓ FEITAS DE MARFIM, HÁ MAIS DE 150 ANOS. CADA PEÇA É DIVIDIDA EM DUAS PARTES E CADA PARTE APRESENTA UMA QUANTIDADE DE PONTOS PRETOS. ELES REPRESENTAM NÚMEROS DE 0 A 6.

B ▲ ESTUDANTES DE UMA ESCOLA NO MUNICÍPIO DE SÃO PAULO JOGAM UMA VERSÃO DE JOGO DE DOMINÓ EM QUE CADA PARTE DAS PEÇAS APRESENTA UMA ILUSTRAÇÃO. FOTO DE 2017.

1 VOCÊ CONHECE O JOGO DE DOMINÓ? COM A TURMA, CONVERSE SOBRE AS QUESTÕES A SEGUIR.

A. O DOMINÓ QUE VOCÊ CONHECE É MAIS PARECIDO COM O DA IMAGEM **A** OU COM O DA IMAGEM **B**?

B. QUAIS SÃO AS REGRAS DESSE JOGO?

C. VOCÊ COSTUMA JOGAR DOMINÓ EM CASA OU NA ESCOLA? HÁ DIFERENÇAS ENTRE OS MODOS DE JOGAR?

APRENDER SEMPRE

1 ACOMPANHE A LEITURA DO TEXTO E OBSERVE A FOTO.

> A ESCOLA ESTADUAL INDÍGENA PATAXÓ BACUMUXÁ, NO MUNICÍPIO DE CARMÉSIA [MINAS GERAIS], PARTICIPOU [...] DA "FESTA DAS ÁGUAS". TRADICIONAL NA CULTURA PATAXÓ, A FESTA CONSISTE EM UMA SEMANA DE RITUAIS, JOGOS E BATIZADO.

INDÍGENAS PATAXÓ DURANTE CELEBRAÇÃO EM PORTO SEGURO, BAHIA. FOTO DE 2019. ▶

FESTA DAS ÁGUAS REFORÇA CULTURA DA COMUNIDADE INDÍGENA PATAXÓ. SECRETARIA DE ESTADO DE EDUCAÇÃO DE MINAS GERAIS, 13 OUT. 2015. DISPONÍVEL EM: https://www2.educacao.mg.gov.br/leis/story/7496-festa-das-aguas-reforca-cultura-da-comunidade-indigena-pataxo. ACESSO EM: 20 FEV. 2021.

A. O TEXTO INFORMA SOBRE O COSTUME DE QUAL COMUNIDADE? PREENCHA A TABELA A SEGUIR.

COSTUME	COMUNIDADE

B. A ESCOLA ONDE VOCÊ ESTUDA PARTICIPA DE ALGUMA FESTIVIDADE COMO ESSA? SE SIM, ESCREVA O NOME DA FESTA. SE NÃO, CONTE À TURMA SE VOCÊ GOSTARIA DE PARTICIPAR DA FESTA DAS ÁGUAS E EXPLIQUE POR QUÊ.

_____

C. OBSERVE A FOTO. HÁ CELEBRAÇÕES INDÍGENAS DAS QUAIS A ESCOLA EM QUE VOCÊ ESTUDA PARTICIPA? ELAS SÃO IMPORTANTES?

SABER SER

2 FORME GRUPO COM DOIS COLEGAS. VOCÊS VÃO PRODUZIR UM VARAL DE MEMÓRIAS COM REGISTROS SOBRE OS COSTUMES NA ESCOLA. PARA ISSO, SIGAM AS ETAPAS PROPOSTAS.

- ESCOLHAM UM COSTUME DA ESCOLA ONDE VOCÊS ESTUDAM. PODE SER DE QUALQUER TIPO (JOGOS, FESTIVIDADES, ESTUDOS DO MEIO). ANOTEM A ESCOLHA DE VOCÊS.

- COM A AJUDA DO PROFESSOR, PROVIDENCIEM OS SEGUINTES MATERIAIS: UM ROLO DE BARBANTE PARA FAZER O VARAL, TESOURA DE PONTAS ARREDONDADAS, FOLHAS DE PAPEL SULFITE OU DE PAPEL PARDO E PREGADORES DE ROUPAS.

- CADA INTEGRANTE DO GRUPO VAI PESQUISAR UM REGISTRO DESSE COSTUME. PODE SER UMA FOTO TIRADA POR ALGUM FUNCIONÁRIO DA ESCOLA, UM PEQUENO RELATO ESCRITO OU UM DESENHO.

- NA DATA COMBINADA COM O PROFESSOR, LEVEM OS REGISTROS QUE VOCÊS PESQUISARAM COLADOS OU DESCRITOS NAS FOLHAS DE PAPEL. ELES DEVEM SER FIXADOS NO VARAL COM OS PREGADORES.

- CONHEÇAM OS COSTUMES DA ESCOLA REGISTRADOS PELOS OUTROS GRUPOS.

ATÉ BREVE!

A CADA ANO ESCOLAR, VOCÊ E OS COLEGAS PASSAM POR NOVOS DESAFIOS E APRENDIZAGENS. VOCÊ JÁ PAROU PARA PENSAR NO QUANTO APRENDEU NESTE ANO? PARA SABER ISSO, FAÇA AS ATIVIDADES A SEGUIR.

1 VOCÊ PERCEBEU O QUANTO SEU CORPO SE MODIFICOU AO LONGO DO TEMPO? A SEGUIR, FAÇA DOIS DESENHOS: UM DE SEU CORPO NO PASSADO E OUTRO DE SEU CORPO HOJE.

2 QUANDO A HISTÓRIA DA SUA VIDA COMEÇOU? O QUE ELA TEM DE PARECIDO COM A HISTÓRIA DA SUA FAMÍLIA? E COM A HISTÓRIA DA FAMÍLIA DOS COLEGAS?

3 QUAIS SÃO SUAS RESPONSABILIDADES EM CASA? E NA ESCOLA? E NA COMUNIDADE ONDE VOCÊ VIVE? CONTE AO PROFESSOR POR QUE ELAS SÃO IMPORTANTES PARA VOCÊ E PARA AS OUTRAS PESSOAS COM QUEM VOCÊ CONVIVE.

4 OS JOGOS E AS BRINCADEIRAS EXISTEM HÁ MUITO TEMPO. QUAIS SÃO OS SEUS FAVORITOS? COM QUEM VOCÊ APRENDEU? VOCÊ BRINCA DO MESMO MODO COMO APRENDEU OU FAZ ALGO DE MANEIRA DIFERENTE?

5 QUAIS SÃO AS DIFERENÇAS ENTRE A ESCOLA ONDE VOCÊ ESTUDA E A CASA ONDE VOCÊ MORA?

6 TODAS AS FAMÍLIAS SÃO IGUAIS? O QUE VOCÊ PENSA SOBRE ISSO?

7 SUA FAMÍLIA SEMPRE FOI DO JEITO COMO ELA É AGORA? O QUE VOCÊ DESCOBRIU SOBRE A HISTÓRIA DE SUA FAMÍLIA?

8 QUAIS COMEMORAÇÕES SUA FAMÍLIA COSTUMA REALIZAR? E QUAIS SÃO AS COMEMORAÇÕES REALIZADAS NA ESCOLA? E EM SEU MUNICÍPIO? ESCOLHA UMA DELAS E, EM UMA FOLHA AVULSA, FAÇA UM DESENHO QUE A REPRESENTE.

9 VOCÊ SE LEMBRA DE QUAIS FORAM AS PALAVRAS NOVAS QUE APRENDEU NESTE ANO? ESCOLHA CINCO DELAS PARA ESCREVER NO CADERNO. DEPOIS, CONTE AO PROFESSOR COMO VOCÊ APRENDEU ESSAS PALAVRAS.

10 VOCÊ SABE EM QUE ANO ESTAMOS? E QUAL FOI O ANO PASSADO? PREENCHA A TABELA A SEGUIR COM OS NÚMEROS.

ANO PASSADO	
ANO ATUAL	

11 NAS ATIVIDADES EM GRUPO, VOCÊS AGIRAM DE MODO GENTIL ENTRE SI? QUANDO AS OPINIÕES DE VOCÊS ERAM DIFERENTES, COMO VOCÊS AGIRAM?

12 DE QUE MODO VOCÊS USARAM AS TECNOLOGIAS DIGITAIS, COMO CELULARES E COMPUTADORES, PARA ESTUDAR? O QUE VOCÊS MELHORARIAM NESSE USO?

SUGESTÕES DE LEITURA

GENTE PEQUENA, GENTE GRANDE, DE STÉPHANIE VANDER MEIREN E AURÉLIE ROMAIN. TRADUÇÃO DE CLARA A. COLOTTO. EDITORA SABER E LER.

TODOS NÓS MUDAMOS COM O DECORRER DO TEMPO. NESSE LIVRO, ACOMPANHE AS CARACTERÍSTICAS DE CADA FASE DA VIDA, DA INFÂNCIA À VELHICE.

DE ONDE VÊM OS NOMES?, DE ILAN BRENMAN. ILUSTRAÇÕES DE SERGIO MAGNO. COMPANHIA EDITORA NACIONAL (COLEÇÃO NOMES E PALAVRAS).

O NOME FAZ PARTE DA IDENTIDADE DE UMA PESSOA. NESSE LIVRO, VOCÊ ENCONTRARÁ O SIGNIFICADO E A ORIGEM DE ALGUNS NOMES.

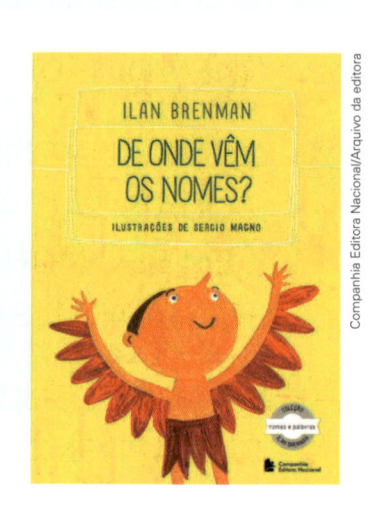

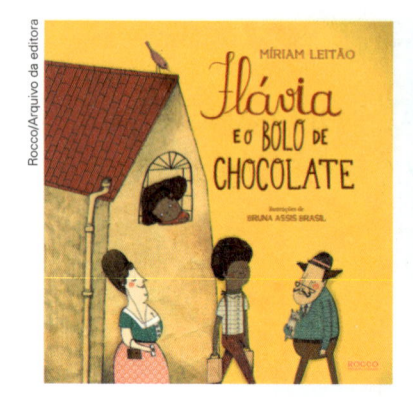

FLÁVIA E O BOLO DE CHOCOLATE, DE MÍRIAM LEITÃO. ILUSTRAÇÕES DE BRUNA DE ASSIS BRASIL. EDITORA ROCCO.

CONHEÇA A HISTÓRIA DE FLÁVIA, UMA MENINA QUE ACABA DE NOTAR QUE É BEM DIFERENTE DA MÃE. COM O TEMPO, FLÁVIA VAI PERCEBENDO A DIVERSIDADE DAS FAMÍLIAS BRASILEIRAS.

VOCÊ QUER SER MEU AMIGO?, DE ÉRIC BATTUT. TRADUÇÃO DE LIGIA CADEMARTORI. EDITORA FTD.

NESSE LIVRO, ACOMPANHE A HISTÓRIA DO RATINHO VERDE QUE SAI EM BUSCA DE UM AMIGO. ELE ENCONTRARÁ VÁRIOS ANIMAIS DURANTE A JORNADA. SERÁ QUE ELE FARÁ AMIZADE COM TODOS?

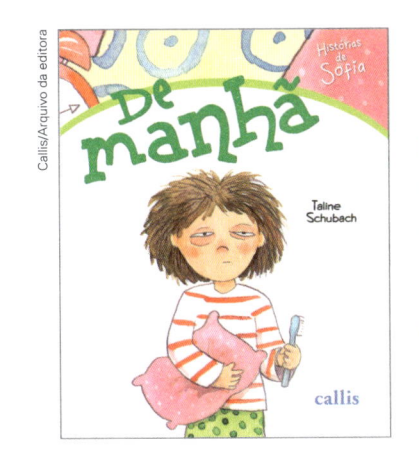

DE MANHÃ, DE TALINE SCHUBACH. EDITORA CALLIS (COLEÇÃO HISTÓRIAS DE SOFIA).

NESSA OBRA, VOCÊ VAI ACOMPANHAR A ROTINA DAS MANHÃS DE SOFIA, QUE ESTUDA NESSE PERÍODO. NEM SEMPRE ELA CONSEGUE ACORDAR CEDO... COMO SERÁ QUE ESSE PROBLEMA SE RESOLVERÁ?

QUANDO O MIGUEL ENTROU NA ESCOLA, DE RUTH ROCHA. EDITORA MELHORAMENTOS (COLEÇÃO COMECINHO).

O LIVRO CONTA A HISTÓRIA DE MIGUEL E AS PRIMEIRAS EXPERIÊNCIAS DELE NA ESCOLA, EXPLICANDO COMO O MENINO SE ACOSTUMOU COM O NOVO AMBIENTE E OS NOVOS AMIGOS.

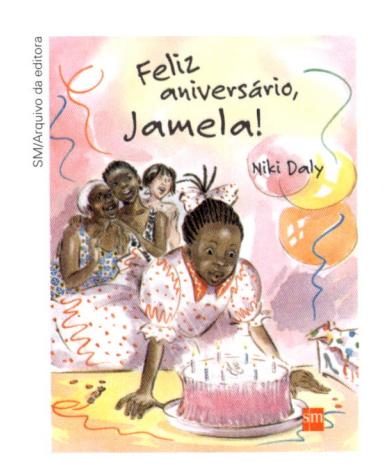

FELIZ ANIVERSÁRIO, JAMELA!, DE NIKI DALY. TRADUÇÃO DE ISA MESQUITA. EDIÇÕES SM.

ESSE LIVRO MOSTRA ALGUNS COSTUMES DA FAMÍLIA DE JAMELA, UMA MENINA QUE LOGO VAI COMPLETAR 7 ANOS.

CANTIGAS, ADIVINHAS E OUTROS VERSOS, ORGANIZAÇÃO DE ANA CLÁUDIA ROCHA E MARIANA BREIM. ILUSTRAÇÕES DE ERIKA ARIENTE. EDITORA MELHORAMENTOS. VOLUME 1.

O LIVRO REÚNE CANTIGAS DE RODA, ADIVINHAS E PARLENDAS TÍPICAS DE DIVERSAS PARTES DO BRASIL. ELAS FORAM RECOLHIDAS EM DIFERENTES COMUNIDADES.

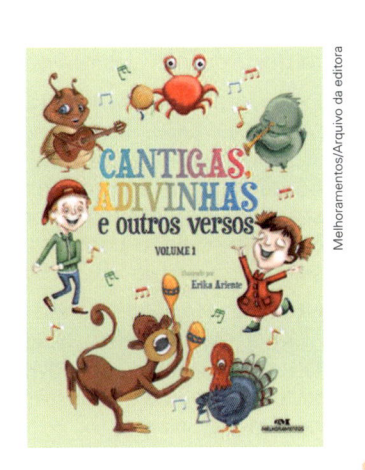

BIBLIOGRAFIA COMENTADA

Bittencourt, Circe. *Ensino de história*: fundamentos e métodos. 4. ed. São Paulo: Cortez, 2011 (Coleção Docência em Formação).
A obra aborda alguns dos diversos aspectos do processo de ensino de história, ampliando as possibilidades pedagógicas a esse respeito.

Bloch, Marc. *Apologia da história*: ou o ofício de historiador. Rio de Janeiro: Zahar, 2002.
O livro apresenta uma reflexão sobre a metodologia do fazer histórico, e o ponto de partida do autor é a pergunta feita a ele por seu filho: Para que serve a história?

Bueno, Renata; Zanetti, Mariana. *Nome, sobrenome, apelido*. São Paulo: Companhia das Letrinhas, 2010.
Ilustrado pelas autoras, o livro conta quinze histórias curtas sobre nomes e apelidos. A obra inclui o depoimento do processo de elaboração dos desenhos feitos pelas autoras.

Burke, Peter (org.). *A escrita da história*: novas perspectivas. 2. ed. São Paulo: Ed. da Unesp, 2011.
A obra apresenta um conjunto de textos que busca analisar as tendências mais significativas da metodologia e da prática historiográfica.

Câmara dos deputados. *ECA em tirinhas para crianças*. 4. ed. Brasília: Edições Câmara, 2015.
O Estatuto da Criança e do Adolescente é apresentado nessa obra de maneira lúdica, facilitando seu entendimento entre jovens e crianças.

Cavalleiro, Eliane dos Santos. *Do silêncio do lar ao silêncio escolar*: racismo, preconceito e discriminação na educação infantil. São Paulo: Contexto, 2000.
Nessa obra, há uma análise crítica a respeito da discriminação vivida por crianças negras no ambiente de sala de aula.

Certeau, Michel de. *A escrita da história*. 3. ed. Rio de Janeiro: Forense Universitária, 2011.
O autor busca identificar quais são as etapas consideradas fundamentais para a escrita da história.

Cunha, Manuela Carneiro da. *Índios no Brasil*: história, direitos e cidadania. São Paulo: Claro Enigma, 2013 (Coleção Agenda Brasileira).
O livro debate os principais desafios sobre a escrita das histórias dos povos indígenas.

Ferro, Marc. *A história vigiada*. São Paulo: Martins Fontes, 1989.
A obra parte do desafio de como seria possível contar a história às crianças, analisando as diversas dificuldades enfrentadas pelos historiadores, como o cuidado constante para escapar dos vieses preconceituosos, e debatendo sobre elas.

Hoffman, Mary. *O grande e maravilhoso livro das famílias*. São Paulo: SM, 2010.
O livro apresenta um retrato sensível e bem-humorado a respeito da existência de diferentes experiências familiares.

Leminski, Paulo. *Toda poesia*. São Paulo: Companhia das Letras, 2013.
O livro reúne o trabalho realizado pelo poeta, escritor, letrista e crítico literário Paulo Leminski, possibilitando conhecer os principais escritos desse artista multifacetado.

Nestrovski, Arthur. *Histórias de avô e avó*. São Paulo: Companhia das Letrinhas, 1998 (Coleção Memória e História).
Com cunho autobiográfico, o crítico e professor de música Arthur Nestrovski aborda a história da sua família, formada por imigrantes russos de origem judaica radicados no Brasil no início do século 20.

Oliveira, Vera Lúcia de. *Vida de boneca*. São Paulo: SM, 2013.
Em um divertido poema sobre a trajetória de uma boneca, a autora apresenta alguns dilemas a respeito do crescimento. Assim, a obra pode ser uma ferramenta para abordar a importância dos brinquedos e as questões psicológicas da infância.

Ondjaki. *Bom dia, camaradas*. São Paulo: Companhia das Letras, 2014.
Nessa obra, o escritor angolano Ondjaki retoma algumas memórias de sua infância em Luanda, capital de Angola, nos anos 1980, e reconta aventuras fantásticas sobre seu país e vivências infantis.

Pereira, Amilcar Araujo; Monteiro, Ana Maria (org.). *Ensino de história e culturas afro-brasileiras e indígenas*. Rio de Janeiro: Pallas, 2013.
O livro reúne trabalhos de diversos pesquisadores que se debruçaram de maneiras diferentes sobre a formação da sociedade brasileira, levando em conta as diversas matrizes culturais da cultura brasileira.

Pinsky, Jaime (org.). *O ensino de história e a criação do fato*. São Paulo: Contexto, 2008.
A obra apresenta a discussão sobre o conceito de fato histórico e sobre como são elaboradas as narrativas históricas, possibilitando ao leitor ampliar as percepções de historiografia e os recortes históricos realizados pelo historiador.

Priore, Mary del (org.). *História das crianças no Brasil*. 7. ed. São Paulo: Contexto, 2015.
O tema na história da infância brasileira é abordado nesse livro, que reúne uma série de trabalhos realizados por historiadores, sociólogos e educadores.

Rocha, Ruth. *A família do Marcelo*. São Paulo: Salamandra, 2012.
De modo divertido, a obra aborda a família da personagem Marcelo, as diferentes relações entre os membros dessa família e como eles se colocam diante de outras famílias.

DESTACAR

Página 20 • ATIVIDADE 3

Página 62 • ATIVIDADE 1

DESTACAR E MONTAR

PÁGINA 46 • ATIVIDADE 8

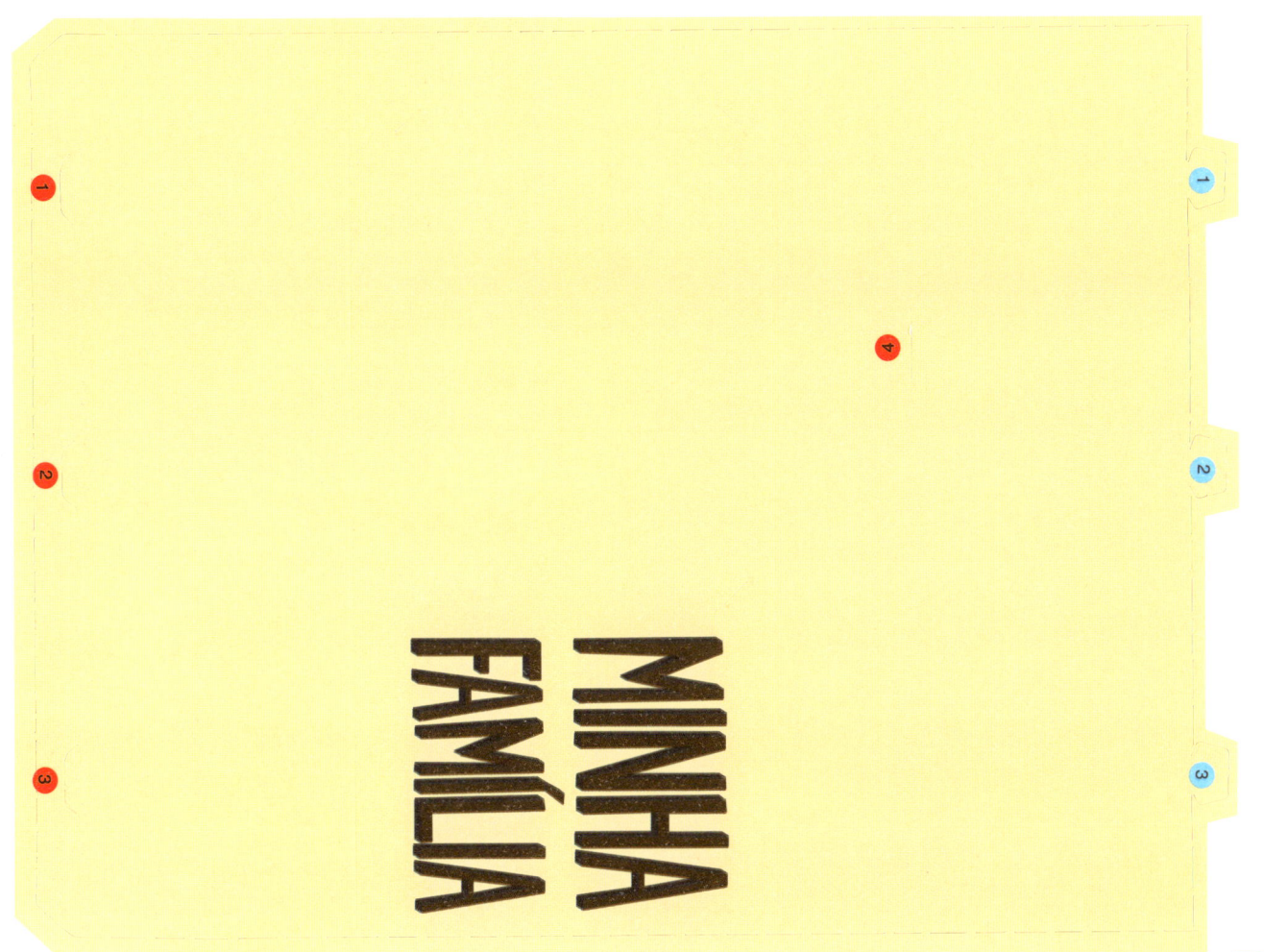

MINHA FAMÍLIA

DESTACAR

PÁGINA 80 • ATIVIDADE 1

NOME DO FAMILIAR: _____

PÁGINA 85 • ATIVIDADE 3

DOMINGO

QUARTA-FEIRA

SEXTA-FEIRA

SEGUNDA-FEIRA

QUINTA-FEIRA

SÁBADO

TERÇA-FEIRA

DESTACAR

PÁGINA 114 • ATIVIDADE 1

AULA DE LEITURA NO GRUPO ESCOLAR OROZIMBO MAIA, EM CAMPINAS, SÃO PAULO. FOTO DE 1939.

PÁGINA 119 • ATIVIDADE 2

▲ DETALHE DA OBRA *JOGOS INFANTIS*, DE PIETER BRUEGEL, 1560. ÓLEO SOBRE MADEIRA.

COLE AQUI UMA IMAGEM ATUAL DE UMA BRINCADEIRA PARECIDA COM A BRINCADEIRA DO DETALHE AO LADO.

ABAIXO, ESCREVA UMA LEGENDA COM AS SEGUINTES INFORMAÇÕES: NOME DA BRINCADEIRA, LOCAL E DATA DA IMAGEM.

LEGENDA: _____
_____
_____
_____

▲ DETALHE DA OBRA *JOGOS INFANTIS*, DE PIETER BRUEGEL, 1560. ÓLEO SOBRE MADEIRA.

COLE AQUI UMA IMAGEM ATUAL DE UMA BRINCADEIRA PARECIDA COM A BRINCADEIRA DO DETALHE AO LADO.

ABAIXO, ESCREVA UMA LEGENDA COM AS SEGUINTES INFORMAÇÕES: NOME DA BRINCADEIRA, LOCAL E DATA DA IMAGEM.

LEGENDA: _____
_____
_____
_____

CENTO E TRINTA E CINCO